DES DROITS

DES

AUTEURS ET DES ARTISTES

AU POINT DE VUE

DU DROIT INTERNATIONAL

PAR

LOUIS PAQUY

Avocat à la Cour d'appel

PARIS

L. LAROSE ET FORCEL

LIBRAIRES-ÉDITEURS

22, RUE SOUFFLOT, 22

1884

DES DROITS

DES

AUTEURS ET DES ARTISTES

TOURS, IMPRIMERIE ROUILLÉ-LADEVÈZE.

DES DROITS

DES

AUTEURS ET DES ARTISTES

AU POINT DE VUE

DU DROIT INTERNATIONAL

PAR

LOUIS PAQUY

Avocat à la Cour d'appel

PARIS

L. LAROSE ET FORCEL

LIBRAIRES-ÉDITEURS

22, RUE SOUFFLOT, 22

1884

DES DROITS DES AUTEURS ET DES ARTISTES

AU POINT DE VUE DU DROIT INTERNATIONAL

INTRODUCTION

« C'est un des caractères principaux du droit de propriété littéraire que d'être essentiellement international, c'est aussi une des principales raisons du développement qu'a pris ce droit dans les dernières années. Comme les lettres elles - mêmes, il ne connaît pas de barrière, et comme elles il doit contribuer à détruire les derniers vestiges d'égoïsme national qui peuvent encore séparer les peuples. Les nations mises en communication par les lettres, par les arts et l'industrie, sont aujourd'hui solidaires, sous le rapport de la protection qu'elles accordent aux auteurs et aux artistes ; et les bienfaits qu'elles en ont reçus leur ont enseigné une reconnaissance d'autant plus certaine, qu'elle s'appuie sur leur intérêt (1). »

(1) Paul Laboulaye, *Propriété littéraire,* p. 86.

Voyons donc ce que la reconnaissance des peuples a fait jusqu'à ce jour pour sauvegarder, au point de vue international, l'existence de la propriété intellectuelle.

Nous ne croyons pas que les législations qui se sont occupées du droit des auteurs, en aient la plupart bien compris l'origine et la nature : pour elles, ce droit n'est encore qu'un privilège. Ce n'est plus, il est vrai, du bon plaisir royal que l'auteur le reçoit aujourd'hui, c'est la loi qui le lui confère, mais ce n'est là qu'une différence dérisoire.

Il faut attribuer à ces notions imparfaites sur la nature du droit des auteurs, la protection insuffisante que presque toutes les législations accordent aux auteurs et aux artistes étrangers. Elles ne protègent en effet que les droits qui sont acquis aux auteurs et aux artistes sur le territoire qu'elles régissent. C'est affirmer que le droit d'auteur n'est qu'une concession de la loi, c'est excuser la contrefaçon, c'est porter atteinte au droit et du même coup fausser le sens moral. Si la propriété intellectuelle est une propriété, elle mérite comme toute propriété la protection de tous les temps et de toutes les lois, indépendamment du lieu où le droit à pris naissance et sans qu'on ait à tenir compte de la nationalité du propriétaire.

La France fait pourtant exception à cette pratique générale. Depuis 1852 elle protège avec une énergie presque égale les nationaux et les étrangers. Cependant après avoir proclamé en 1793 le droit de propriété des auteurs, elle a depuis toujours évité de se prononcer sur la nature de leurs droits. Elle « semble indécise entre l'ancien principe du privilège et le nouveau principe de la propriété, ou, pour mieux dire, elle penche toujours vers l'ancienne opinion (1). »

Les États étrangers n'ont pas suivi cet exemple. Ils ont cru donner satisfaction aux intérêts de leurs nationaux, en même temps qu'à l'équité, en réglant dans des conventions internationales que nous aurons à étudier, les droits des auteurs et des artistes qui ne sont pas protégés par la législation. Ces garanties que les gouvernements ont chercher à stipuler les uns les autres en faveur de leurs nationaux, ne répondent pas aux besoins qui les ont suscitées. On a pu dire, sans exagération, de certaines conventions littéraires internationales, qu'elles retiraient d'une main ce qu'elles donnaient de l'autre. Beaucoup ont apporté au droit de l'étranger des restrictions qui en ont trop souvent paralysé l'exercice.

Pour obtenir un remède à l'insuffisance des conventions diplomatiques, aux difficultés qui résultent des formalités préventives accumulées dans ces conventions, aux obstacles de toutes sortes que rencontre l'exercice du droit de propriété littéraire et artistique, nous voyons les auteurs et les artistes se liguer et chercher à remuer l'opinion publique. Ils se forment en congrès internationaux pour exercer une pression sur les gouvernements. Le premier congrès littéraire international s'est tenu à Bruxelles en 1858; le second à Anvers en 1861. En 1877, nouveau congrès dans la même ville, à l'occasion du centenaire de Rubens. Pendant l'Exposition universelle de 1878, un congrès littéraire et un congrès artistique,

____

(1) Édouard Laboulaye, *Propriété littéraire*, p. 12

tous deux internationaux, se sont tenus à Paris. Le cinquième congrès littéraire international a eu lieu à Rome en 1882. Enfin en 1883 le dernier s'est tenu à Berne.

Le congrès littéraire international, qui s'est tenu à Paris en 1878, du 11 au 29 juin, sous la présidence de Victor Hugo, dû à l'initiative de la Société des gens de lettres de France, eut un grand retentissement et reçut l'adhésion, disent les comptes rendus du congrès, des plus grands noms et des talents les plus illustres dans les lettres, dans les sciences, dans les arts et dans la politique. M. About, alors président de la Société des gens de lettres, en ouvrant le congrès, s'adressait en ces termes à son auditoire cosmopolite :

« Puisqu'une heureuse circonstance nous a permis de rassembler autour de nous les écrivains les plus distingués de l'Europe et de la libre Amérique, nous voulons leur demander s'il ne serait pas possible d'obtenir grâce à leur interventions, grâce à leur influence et à l'autorité qu'ils exercent par leur talent et leur caractère, la rédaction d'une loi universelle, qui pourrait se formuler ainsi : « Dans tout pays civilisé, l'étranger « jouira pour la propriété de ses œuvres des mêmes « droits que les nationaux (1). »

C'est le même vœu qui a été exprimé par le congrès international de la propriété artistique qui s'est également tenu à Paris dans l'année 1878 du 18 au 21 septembre sur l'initiative du peintre Meissonier. Les artistes

(1) *Comptes rendus du congrès littéraire international de Paris*, 1878, p. 17.

de tous les pays doivent être assimilés aux artistes nationaux (1).

Cette solution semble devoir s'imposer, aujourd'hui que le goût du public est devenu si vif pour la lecture, la diffusion des langues étrangères tous les jours plus grande, et que les découvertes scientifiques ont donné aux communications internationales une facilité qui, supprimant la distance et les frontières, ne fait plus au regard de la pensée qu'un seul peuple de tous les peuples civilisés.

Mais pour bien saisir l'importance de la revendication que soulèvent les auteurs et les artistes, et pour en mesurer toute la portée, disons quelques mots de la nature de ces droits que l'Angleterre et l'Amérique appellent droits de copie (*copy right*) ; l'Allemagne, droits d'auteur (*autor recht*, ou mieux *urheberrecht*) ; la Hollande, droits de reproduction ; la Norwège, droits vulgairement nommés propriété littéraire, et que la France et l'Espagne désignent sous le nom de propriété littéraire et artistique.

(1) *Comptes rendus du congrès international de la propriété artistique* de 1878, 15e résolution.

CHAPITRE I

On admet assez généralement que l'auteur et l'artiste doivent avoir la faculté de reproduire leurs œuvres pour en tirer une rémunération. Mais en vertu de quel titre les œuvres littéraires et artistiques peuvent-elles être reproduites ? y a-t-il dans ce fait un simple privilège ou un droit ?

Nous aurons trop souvent à constater les effets de la tendance des gouvernements à ne reconnaître encore au droit des auteurs qu'un caractère de privilège. Aussi nous tenons à affirmer dès le début de cette étude que dans notre conviction, — c'est d'ailleurs l'opinion qui tend aujourd'hui à l'emporter, — l'auteur, écrivain ou artiste, peut se prévaloir d'un véritable droit pour exploiter son œuvre. Cette œuvre, quelle qu'elle soit, est en effet le produit d'une occupation qui ne va pas sans travail, car elle est la matérialisation d'une conception de l'intelligence, elle est une conquête faite sur le domaine de l'idéal.

Bien plus les productions littéraires et artistiques sont par essence l'affirmation la plus haute de la personnalité humaine. Aussi nous voudrions qu'on reconnût aux auteurs et aux artistes sur leurs créations un droit absolu et sans restriction d'aucun genre et qu'ainsi, aucun laps de temps ne pût jamais amoindrir l'exploitation qui en serait faite même par des cessionnaires.

La propriété littéraire repose, en effet, non pas sur l'idée qui par sa nature échappe à toute appropriation, mais sur la forme que l'auteur, quel qu'il soit, donne à sa conception pour la faire entrer dans le domaine des richesses intellectuelles. Il n'y a rien d'excessif dans la théorie que nous soutenons, aucune entrave, aucune gêne ne saurait en résulter pour l'avancement des progrès de l'esprit humain. Les formes peuvent se multiplier à l'infini au point qu'on ne saurait trouver deux écrivains ayant fait le même récit, ou deux artistes réalisé la même conception d'une façon absolument identique.

Mais si, passant de la théorie à la pratique, on craint de voir surgir des dangers du caractère trop absolu qu'on reconnaîtrait au droit des auteurs, on peut se rassurer en se rappelant que la perpétuité ne serait pas une nouveauté. Elle a longtemps existé et elle existe encore. Les privilèges royaux, grâce au renouvellement, étaient en fait perpétuels et nous ne voyons pas qu'aucun inconvénient sérieux en soit résulté. La perpétuité existe encore, consacrée par la loi de 1806 en matière de dessins de fabrique. Elle est également appliquée aux ouvrages de liturgie diocésaine entre les mains des évêques.

Quant aux destructions et aux mutilations, nous ne les craignons pas, persuadés que nous sommes que la société trouvera toujours dans l'intérêt particulier et dans l'opinion publique les gardiens les plus vigilants contre ces sortes de dangers.

C'est là aussi qu'on trouvera toujours une garantie contre la rareté et la cherté des livres. Ce qui le prouve bien, c'est que pour tous les ouvrages contemporains l'intérêt public ne souffre pas d'être à la merci des seigneurs de la propriété intellectuelle. Les livres n'ont jamais été plus répandus et l'on ne peut constater de différence bien sensible, à l'inspection d'un catalogue de librairie, entre le prix d'un livre tombé dans le domaine public et celui d'un livre grevé de droits d'auteur. Aussi l'on ne voit pas que le public délaisse la littérature nouvelle pour se porter de préférence sur les vieux écrivains.

Nous ne prétendons pas dire que le bénéfice de la proprité intellectuelle, telle que nous la comprenons, profitera toujours aux héritiers des auteurs. Mais nous croyons que la reconnaissance d'un droit absolu en leur faveur est un acte équitable et commandé par les principes ; peu nous importe ensuite qu'ils soient ou non capables d'en comprendre tous les avantages. Toujours est-il qu'ainsi entendu, ce droit pourrait assurer à l'auteur l'indépendance qui lui est nécessaire dans son œuvre autant que dans sa vie. Cette indépendance lui permettrait de s'abandonner à son génie sans craindre que ni lui, ni ses enfants n'en puissent jamais recueillir autre chose qu'une gloire stérile.

Le droit des auteurs est-il un droit personnel ou un droit réel ? Nous ne voulons pas entrer dans l'étude de cette question, qui est fort délicate et qui nous entraînerait trop loin du sujet que nous nous sommes proposé. Les auteurs et les artistes voudraient faire reconnaître à leur profit un droit de propriété. Ainsi le congrès littéraire international qui s'est tenu à Paris en 1878 a reconnu aux auteurs sur leurs œuvres un droit de propriété perpétuel. Mais, préoccupé de sauvegarder les prétendus droits de la société, le congrès a cherché un contrepoids au droit qu'il reconnaissait à l'auteur dans le système du domaine public payant. Malgré toutes les précautions prises par le congrès pour assurer le fonctionnement de ce système, nous n'en sommes point partisan. Il est d'ailleurs à remarquer que presque tous les hommes pratiques du congrès, c'est-à-dire les libraires et éditeurs se sont montrés opposés à son acceptation (1). Il ne pourrait guère avoir d'application que pour les représentations dramatiques.

Y a-t-il lieu d'ailleurs de régler le conflit que soulève l'intérêt des auteurs mis en présence de celui de la société. Pour nous, nous nions ce conflit. En donnant pour objet au droit des auteurs la forme seule qu'ils ont créée, il ne nous paraît pas que la société ait à prendre des mesures pour sauvegarder ses intérêts prétendus. Il n'y a que le droit des auteurs qui ait besoin d'une protection parce qu'il est appropriable ; quant à celui de la société, il est inattaquable puisqu'il ne repose que sur les idées.

Les législations et les traités ne devraient donc prendre en considération que l'intérêt des auteurs et toutes leurs dispositions ne devraient tendre qu'à le sauvegarder. Nous verrons au contraire qu'ils arrivent trop souvent

(1) *Comptes rendus du congrès littéraire international de 1878*, p. 281 et 287.

à l'amoindrir au profit de la société. Les droits d'auteur ne font qu'apparaître et ils n'ont pas encore eu le temps de conquérir la place où l'avenir ne manquera pas de les faire monter à côté des autres droits.

CHAPITRE II

Un jour viendra sans doute où les peuples ne seront plus séparés que par leurs tendances politiques et n'auront qu'un même droit privé basé sur les principes de la raison et de la justice. Mais en attendant ce jour, qui est peut-être encore loin, c'est le rôle du droit international de faire disparaître une à une les différences qui peuvent exister entre les nationaux et les étrangers. C'est l'œuvre qu'il poursuit en particulier à l'égard de la propriété intellectuelle, aujourd'hui qu'elle est généra lement reconnue. C'était en effet le premier progrès à accomplir. Il fallait que la propriété intellectuelle fût reconnue aux nationaux pour qu'on pût songer à l'étendre aux étrangers.

La création des privilèges de librairie, que l'invention de l'imprimerie rendit nécessaire, donna en France une existence de fait à la propriété littéraire. Ils étaient en effet la source d'un droit exclusif de jouissance.

Ce n'est pas ici la place d'une étude sur les privilèges. Contentons-nous de dire qu'ils furent d'abord créés en faveur des éditeurs (1). Mais peu à peu, surtout après les querelles qui divisèrent les libraires de Paris et ceux de province, en 1725 à l'occasion desquelles Louis d'Héricourt, pour soutenir les intérêts des libraires de Paris,

____
(1) Renouard, *Des droits d'auteur*, I, p. 106.

prétendit que c'était des auteurs seuls que les libraires tenaient les droits de propriété qu'ils pouvaient invoquer sur les ouvrages par eux imprimés et nullement des privilèges royaux; alors commença une lutte entre les auteurs et les éditeurs de laquelle les premiers finirent par sortir vainqueurs. Le privilège devint enfin la consécration du droit des auteurs. Six arrêts furent rendus le 30 août 1777. Le cinquième reconnaît en la personne de l'auteur et de ses héritiers un droit de propriété exclusif et perpétuel. Les arrêts de 1777 soulevèrent des protestations aussi bien chez les auteurs que chez les éditeurs ; ils laissaient en effet à désirer. Un arrêt du 30 juin 1778 donna satisfaction à quelques-unes des réclamations qui s'étaient élevées. Ce que nous voulons seulement constater, c'est qu'au point de vue législatif, la propriété littéraire date en France de l'arrêt du 30 août 1777.

Aussi n'est-il pas étonnant que dans le travail de formation que nous venons de constater nous ne rencontrions que peu de chose à rattacher au droit international.

Le 15 mars 1586 un arrêt du Parlement annulait un privilège obtenu pour les œuvres de Sénèque revues et annotées par Muret et qu'après sa mort les amis de l'annotateur avaient fait imprimer à l'étranger; dans le même sens un arrêt du Conseil du roi qui avait été rendu le 14 mars 1583, avait déjà jugé qu'un recueil de droit canon précédemment imprimé à Rome pouvait être réimprimé par tous les libraires de Paris sans qu'on dût avoir égard à aucun privilège. Il semble donc qu'il était permis d'imprimer sans privilège les livres qui avaient paru à l'étranger. Mais cela ne subsista pas toujours, et nous devons ajouter qu'à partir des statuts pour la librairie de 1649 jusqu'en 1777 on exigea indistinctement pour tout livre imprimé l'obtention d'un privilège. L'Université en montra bien quelque mécontentement, elle formula ses plaintes dans plusieurs mémoires, où elle s'efforça de démontrer qu'il ne pouvait résulter du nouvel ordre de choses qu'injustice et désordre. Mais elle dut céder devant le pouvoir royal tout-puissant.

Il faut arriver au décret de la Convention des 19-24 juillet 1793 pour trouver dans la législation française avec la reconnaissance du droit des auteurs et des artistes, un système de protection qui puisse s'étendre même à l'auteur et à l'artiste étranger.

Hâtons-nous de dire que presque partout le même système était pratiqué. En Angleterre, en Écosse, en Irlande, en Hollande, en Allemagne, en Italie, on reconnaissait la propriété littéraire, mais on ne réprimait que la contrefaçon des auteurs nationaux. Il n'y avait guère qu'en Danemark qu'on avait songé aux auteurs étrangers. Aussi nos auteurs étaient hardiment contrefaits et Marmontel nous raconte dans ses Mémoires, qu'étant à Liège, le libraire Bassompière venant le visiter pour lui témoigner toute son admiration et toute sa reconnaissance, ne craignit pas de se vanter à lui des grands avantages qu'il tirait de la contrefaçon de ses ouvrages, répondant pour toute justification à l'auteur, qui s'en indignait : « Vos privilèges ne s'étendent point jusqu'ici. »

On n'avait pas encore senti le besoin d'un droit international. Il fallait pour développer ce droit l'invention des moyens rapides de communication qui ont signalé notre époque. Bien plus, les auteurs n'étaient seulement pas protégés d'un pays à l'autre, lorsque ces pays dépendaient de la même autorité. Une lettre de Richardson, l'auteur de *Clarisse Harlowe*, nous apprend, en effet, que les éditeurs irlandais s'emparaient des ouvrages des auteurs anglais et les imprimaient sans payer aucun droit. Elle nous révèle à ce propos, dans ce pays, une coutume singulière que nous retrouvons encore aujourd'hui aux États-Unis et dont les auteurs anglais sont toujours les premiers à souffrir. « C'est la coutume des libraires irlandais, écrit Richardson, de rivaliser entre eux à qui le premier s'emparera d'une réimpression anglaise, et heureux celui qui peut avoir un agent en Angleterre pour en recevoir l'ouvrage qu'on croit de bonne vente, aussitôt qu'il est imprimé ou prêt à être publié. Les auteurs anglais ne leur ont jamais contesté cette singulière propriété, et les libraires irlandais regardent entre eux la priorité comme un titre suffisant, quoique, de temps en temps, comme les journaux de Dublin l'attestent, il se trouve quelque loup qui mange son semblable. »

Bien avant les autres nations, la France a donc été la première à reconnaître le droit des auteurs et des artistes étrangers. Le décret des 10-24 juillet 1793 à ce titre est un monument considérable qui mérite toute notre attention. Aussi, voyons-en les termes, l'interprétation qui en a été donnée et les modifications que le législateur a cru devoir y apporter.

CHAPITRE III

Le décret des 19-21 juillet 1793 porte l'intitulé suivant : « Décret relatif au droit de propriété des auteurs d'écrits en tous genres, des compositeurs de musique, des peintres et des dessinateurs. » Il contient la reconnaissance du droit des auteurs et des artistes, qu'il qualifie, comme le prouve l'utilité, du nom de propriétaire. Une seule obligation est imposée au citoyen qui a mis au jour un ouvrage, c'est d'en déposer deux exemplaires à la Bibliothèque nationale, « faute de quoi, dit l'article 6, il ne pourra être admis en justice pour la poursuite des contrefacteurs. »

Cette loi, bien conforme aux idées généreuses de l'époque, est conçue en termes qui se prêtent à une interprétation large. Elle ne semble pas exiger que l'auteur soit Français et que la publication ait été faite en France. Cette loi pouvait donc s'étendre à toutes les œuvres, même à celles dont l'auteur était étranger ou qui avaient été publiées à l'étranger. L'article 6 emploie, il est vrai, l'expression de citoyen, d'où l'on pourrait conclure que dans la pensée du législateur la loi du 19 juillet 1793 n'avait été faite que pour les Français. Mais pour interpréter sainement la loi, il faut donner au mot citoyen le sens qu'il avait lorsqu'il a été écrit. Or, pendant

la Révolution, ce terme servait à désigner un homme, un
individu, qu'il fût français ou étranger. « Tout le monde
sait, dit Merlin, qu'à cette époque, les mots « tout citoyen »
étaient généralement employés comme synonymes de
« toute personne » ; et que les lois elles-mêmes ne s'étaient
pas garanties de ce néologisme (1). » Et il cite les lois du
22 juillet 1791, titre II, article 13, celle du 22 août 1793,
celle du 20 messidor an III, article 6. Comme le fait remarquer Merlin, c'est dans les cinq premiers articles, où il
est question du droit des auteurs, des dispositions fon-
damentales de la loi que le mot citoyen aurait dû être
placé si on avait voulu lui donner un sens restrictif, et
non pas dans un article secondaire, uniquement relatif
au mode d'exécution de la loi et qui ne s'occupe que de
la condition à remplir pour s'assurer le droit de poursuivre les contrefacteurs. On ne pouvait donc pas tirer
un argument sérieux et concluant de cette expression
de citoyen, qui n'est mise que dans l'article 6, pour n'appliquer la loi qu'aux Français.

La loi de 1793 en ce sens ne laisse donc rien à désirer, et le décret de 1852 eût été inutile si l'esprit des
hommes qui l'avaient rendu avait toujours été celui des
magistrats chargés de l'appliquer. Le législateur lui-même
avait d'ailleurs ressenti l'influence de l'esprit nouveau
de restriction auquel la défiance des gouvernements
étrangers donnait une apparence de justification.

Il n'est pas douteux que ce soit dans cet esprit que
notre Code civil a été composé. Ce n'est pourtant pas
dans ses articles que nous trouvons une abrogation des

(1) Merlin, *Questions de droit: propriété littéraire*, § 2.

principes généreux que nous venons de signaler dans la loi de 1793. Sans doute la question put faire doute un moment, car la protection de la loi française ne s'étend à l'étranger d'après le Code que : 1° Lorsque, en vertu de l'article 11, il existe un traité entre la France et le pays de cet étranger, assurant aux Français dans ce pays la protection de la loi ; 2° lorsqu'en vertu de l'article 13 l'étranger a obtenu l'autorisation d'établir son domicile en France et de fait l'y a fixé. En dehors de ces deux hypothèses, de quels droits l'étranger jouit-il en France ? La solution dépend de l'opinion que l'on admet sur l'interprétation de l'article 11. Faut-il dire, comme M. Valette, qu'il jouit de tous les droits civils qui ne lui ont pas été formellement ou implicitement refusés par des textes spéciaux ? ou ne lui reconnaître, comme M. Demolombe, que les droits qui lui sont expressément ou tacitement concédés par des textes spéciaux. Faut-il enfin distinguer avec la jurisprudence les droits qui appartiennent au *jus gentium* de ceux qui font partie du *jus civile*, accorder les premiers aux étrangers et leur refuser les seconds ?

Le décret du 5 février 1810 contenant règlement sur l'imprimerie et la librairie, fit cesser toute hésitation relativement aux droits d'auteur. En présence de ce décret, il n'était pas douteux que l'auteur étranger jouissait en France des mêmes droits d'auteur que le Français. En effet, « les auteurs soit nationaux, soit étrangers de tout ouvrage imprimé ou gravé, dit l'article 40 du décret du 5 février 1810, peuvent céder leurs droits à un imprimeur ou libraire ou à toute autre personne qui est alors substituée en leur lieu et place pour eux et leurs ayants cause, comme il est dit en l'article précédent. » Cet article parle, on le voit, dans les mêmes termes des auteurs nationaux et des auteurs étrangers. L'auteur étranger est donc investi des mêmes droits que l'auteur français. Ce qui prouve encore que la loi ne met entre eux aucune différence, c'est qu'elle est muette sur la nationalité du cessionnaire, qui peut être étranger ou national. Prétendre qu'il doit en être autrement et que les droits de l'étranger ou du cessionnaire étranger ne deviennent utiles qu'entre les mains d'un Français, ce serait porter atteinte au principe que le cessionnaire ne peut avoir plus de droits que le cédant, ce serait enfin violer les termes mêmes de l'article 40, où nous lisons que le cessionnaire est simplement substitué au lieu et place de son cédant, fût-il étranger. Il peut être difficile de retrouver dans les travaux préparatoires l'explication de cet article, qui eut jusqu'à neuf rédactions successives et qui ne porte que dans la septième les mots : « soit nationaux soit étrangers ». « Selon toute probabilité, dit Fœlix, un procès plaidé à la même époque sur une question de ce genre, devant les tribunaux de Paris, a donné naissance à cette disposition C'était la cause des dames Lahante et Bonnemaison, Françaises, cessionnaires du sieur Cramer, compositeur étranger, contre Siéber, éditeur de musique à Paris ; cette cause a été terminée par l'arrêt de la Cour de cassation du 23 mars 1810 (1). » Il confirmait l'arrêt du 14 avril 1809 de la Cour de justice

(1) Fœlix, *Revue de droit français et étranger*, 1844, p. 760, note 1.

criminelle du département de la Seine, qui reconnaissait que les dames Lahante et Bonnemaison avaient pu acquérir d'un auteur étranger un droit de propriété. Quoiqu'il en soit, l'esprit de l'article 40 est bien conforme à celui de la loi du 19 juillet 1793. Rien n'était changé, on ne distinguait pas entre les Français et les étrangers.

C'est dans le Code pénal que nous trouvons une restriction qui abroge en partie la loi du 19 juillet 1793. L'article 426, promulgué le 1er mars 1810, quelques jours seulement après le décret dont nous venons de parler, s'exprime ainsi : « Le débit d'ouvrages contrefaits, l'introduction sur le territoire français d'ouvrages qui, après avoir été imprimés en France, ont été contrefaits chez l'étranger, sont un délit de la même espèce. » Ainsi il n'y avait délit de contrefaçon que lorsque l'ouvrage avait été imprimé en France, mais le Code pénal ne s'occupait pas de la nationalité de l'auteur.

Ainsi, d'après l'article 11 du Code civil, pour savoir si l'on jouit d'un droit, il faut d'abord rechercher si l'on est Français ou étranger. Mais pour savoir si l'on jouissait d'un droit d'auteur, il fallait s'attacher au lieu de la publication, à la nationalité de l'œuvre et non à la nationalité de l'auteur. L'ouvrage avait-il été publié à l'étranger, on pouvait le contrefaire en France sans s'occuper de savoir si l'auteur était Français ou étranger ; était-il publié en France, la loi le protégeait, l'auteur fût-il étranger. C'était une véritable anomalie dans la législation ; « ordinairement, en effet, un droit est protégé abstraction faite du lieu où il a pris naissance ; cela s'appliquera par exemple à un droit de propriété ou de créance résultant d'actes passés en pays étrangers (1). »

Ce n'était donc plus une question de capacité se rapportant à l'interprétation de l'article 11 du Code civil.

Quelle interprétation a-t-on donnée des textes que nous venons de parcourir ?

Supposons d'abord que l'ouvrage a été publié en France. Nul doute que dans cette hypothèse on dût appliquer aux auteurs français la loi du 19 juilllet 1793, et les lois suivantes.

Mais l'étranger qui faisait en France la première publication de son ouvrage jouissait-il de protection de la loi ? Cette question avait été résolue négativement par la Cour suprême au mépris des termes de la loi du 19 juillet 1793, qui ne contenait pourtant, comme nous l'avons signalé, aucune restriction à ce sujet. La Cour de cassation semblait dire en effet d'une manière générale dans un arrêt du 17 nivôse an XIII, que la loi du 19 juillet 1793 ne pouvait être applicable qu'aux ouvrages faits par un Français, contrefaits par un autre Français (2). Quelques arrêts (3) toutefois et les jurisconsultes les plus recommandables reconnaissaient aux auteurs étrangers qui avaient fait en France la première publication de leurs ouvrages, la jouissance des mêmes droits qu'aux auteurs français. Cette doctrine a été définitivement imposée à la jurisprudence par l'article 40 du décret du

(1) Renault, *Journal du droit international privé*, 1878, p. 122.
(2) Merlin, *Répertoire de jurisprudence : Contrefaçon*, § 10.
(3) Merlin, *Questions de droit: Propriété littéraire*, § 2.

5 février 1810, qui assimile les auteurs étrangers aux auteurs nationaux. La Cour de cassation revenue de son erreur disait aussi dans un arrêt du 20 août 1852 : « Que la loi du 19 juillet 1793, en définissant la propriété littéraire, ne distinguait pas entre les Français et les étrangers, que l'article 39 de la loi du 5 février 1810, en établissant les droits de l'auteur, de sa veuve et de ses enfants, ne fait pas davantage de distinction, mais que la généralité de ses dispositions se trouve expliquée et formellement étendue aux étrangers par l'article 40, qui reconnaît à l'auteur français ou étranger la faculté de céder ses droits à un tiers, lequel est alors substitué à son lieu et place (1). » Le tribunal de la Seine basait également le droit de l'étranger sur le décret du 5 février 1810, dans un jugement du 23 avril 1857 (2), où il décidait que l'étranger qui a publié un ouvrage en France a le droit, en vertu de ce décret et indépendamment de toute convention internationale, de s'opposer à l'introduction en France d'une traduction ou reproduction publiée en pays étranger.

Il faut remarquer qu'il ne suffisait pas que l'ouvrage eût été imprimé en France, il devait encore y être publié pour obtenir la protection de la loi. C'est du moins ce qu'a jugé la Cour de Paris, le 22 novembre 1853 : « Si la propriété consacrée par la loi du 19 juillet 1793, au profit des auteurs, a son principe dans la composition des ouvrages de littérature ou de gravure, c'est de la publication que dérivent son existence légale et ses pré-

(1) Dalloz, 1852, I, 335.
(2) Pataille, *Annales de la propriété industrielle*, 1857, p. 169.

rogatives. L'article 6 n'accorde l'action en contrefaçon,
c'est-à-dire l'attribut et la sanction du droit de propriété,
qu'au citoyen qui met au jour une production intellectuelle (1) », c'est ainsi que s'exprime l'arrêt. Sa décision
a été critiquée : « Si en général un livre publié chez une
nation tombe chez les autres dans le domaine public, il
n'en resulte pas que l'auteur, par cela seul qu'il publie
d'abord en pays étranger, ne puisse s'assurer par l'accomplissement des formalités légales le droit exclusif de
publier en France ses productions. Aucun texte ne le dit,
et l'article 6 de la loi du 19 juillet 1793 invoqué dans
l'espèce est loin de se prêter à une semblable interprétation. Cet article ne fait que régler le mode d'exécution
des dispositions précédentes de la même loi, lesquelles
statuent sur la propriété littéraire en termes dont la généralité exclue toute distinction. Il a uniquement pour
objet l'accomplissement des formalités au moyen desquelles l'auteur peut s'assurer le droit de profiter exclusivement de son œuvre. Si on lit dans cet article : « Tout
citoyen qui mettra au jour un ouvrage »..., on ne saurait
voir dans ces expressions : « mettre au jour », une condition imposée par la loi de publier en France plutôt
qu'ailleurs, ni même de publier. « La loi ne parle ici de la
publication à propos du dépôt à effectuer que par un
enchaînement naturel des idées et parce qu'en effet la
protection de la loi serait inutile à l'auteur qui ne se
proposerait pas de publier son ouvrage (2). » Ajoutons
que l'article 426 du Code pénal ne semble pas exiger
autre chose que l'impression en France.

(1) Dalloz, 1854, 2, 152.
(2) Dalloz, 1854, 2, 151, note 1.

Supposons maintenant que l'œuvre a paru pour la première fois à l'étranger. Quelle protection lui accordait-on en France?

« Sur cette grave question, nous dit M. Renouard, la loi se tait et la jurisprudence se divise (1). » En effet, comme nous l'avons vu, la loi du 19 juillet 1793 n'exige pas que la publication ait eu lieu en France, et la Cour de cassation a rendu sur ce point deux arrêts en sens opposés.

Le premier est du 17 nivôse an XIII ; il refuse en France toute protection à l'ouvrage qui a paru pour la première fois à l'étranger. Le deuxième est du 30 janvier 1818 ; il rejette un pourvoi contre un arrêt de la Cour royale de Paris du 25 novembre 1817, rendu à l'occasion du *Journal de ce qui s'est passé à la tour du Temple pendant la captivité de Louis XVI*, par Cléry, ancien valet de chambre du roi (2). La Cour de cassation reconnaissait que Cléry avait pu faire imprimer son journal à Londres, et par suite, tolérer qu'il en circulât des exemplaires sur le territoire français, sans être réputé, pour cela, avoir renoncé à l'exercice de son droit en France, conformément aux lois françaises.

« La conciliation entre les deux arrêts de la Cour de cassation ne serait pas impossible, d'après M. Renouard. L'arrêt de l'an VIII décide que l'ouvrage d'un étranger imprimé à l'étranger, appartient, en France, au domaine public ; il ne statue pas pour le cas d'un ouvrage imprimé à l'étranger, mais dont l'auteur serait Français. L'arrêt

(1) Renouard, *id.*, t. II, p. 173.
(2) Merlin, *Questions de droit : contrefaçon*, § 7.

de 1818, rendu à l'occasion de l'ouvrage d'un Français,
ne statue rien sur le cas où l'auteur serait un étranger.
S'il était nécessaire de concilier ces deux arrêts, on
pourrait en conclure qu'un ouvrage imprimé à l'étranger, sans l'avoir été en France, peut devenir en France
l'objet d'un privilège si l'auteur est Français, mais ne le
peut pas si l'auteur est étranger. Mais, pour s'arrêter
à cette solution, il faudrait que la loi française eût
fait deux classes des auteurs français et des auteurs
étrangers; or, au contraire, l'article 40 du décret du
5 février 1810, place les auteurs nationaux et étrangers
sur la même ligne. Si l'on peut repousser l'étranger qui
demanderait un privilège en France en lui disant que
son ouvrage a déjà paru ailleurs, pourquoi n'en dirait-
on pas autant du Français ? S'il reste encore un droit au
Français après l'impression hors de France, pourquoi ce
même droit ne resterait-il pas aussi à l'étranger (1). »
Ajoutons que l'article 426 du Code pénal nous semble
formel en faveur de ce cette opinion ; il ne parle que des
ouvrages qui « après avoir été imprimés en France, ont
été contrefaits chez l'étranger. » L'arrêt de 1818 nous
paraît donc avoir mal jugé, car la loi ne se préoccupait
que de protéger les ouvrages imprimés en France, sans
s'occuper de la nationalité de l'auteur. Peu importait
que l'auteur fût Français. « Je n'aperçois pas, disait
M. Renouard, sur quels motifs on ferait reposer une
exception en faveur du Français qui s'est fait étranger
en publiant hors de France la première éditition de son

(1) Renouard, *id.*, t. II, p. 176.

ouvrage (1). » Il fallait que l'ouvrage ait été publié en France.

On trouvait à cette exigeance de la loi des motifs pour la justifier. La propriété reconnue aux auteurs semblait ne pouvoir être que la récompense de leurs efforts et la compensation des avantages dont la publication dotait le pays, en assurant aux habitants de la France le moyen de profiter les premiers des lumières que l'ouvrage était destiné à répandre. Le système contraire, disait-on, aurait créé à l'industrie des gênes et des dangers sans dédommagement d'aucun genre pour la société (2).

Cependant ces motifs ne paraissaient pas si déterminants qu'on fût unanime à exiger de l'auteur qu'il publiât en France s'il voulait y obtenir la jouissance de son œuvre : « Le droit de propriété consacré par la loi est large, déclare M. Etienne Blanc, le législateur n'impose à son existence et à son exercice aucune condition de lieu ni de temps. L'auteur conserve donc son droit entier pendant sa vie, et il l'exerce où et quand il lui plaît d'en user, sans qu'on puisse même lui opposer qu'il a laissé pendant longtemps reproduire et vendre son ouvrage en France. Cette tolérance ne peut, en aucun cas, être considérée comme la renonciation à un droit acquis (3). » M. Etienne Blanc cite à l'appui de son opinion, deux décisions judiciaires; l'une, un arrêt de la Cour de Paris, du 27 juin 1844; l'autre, un jugement du tribunal de la Seine, du 10 juillet 1844. Mais l'article 428

(1) Renouard, *id.*, t. II, p. 177.
(2) Dalloz, 1831, II, p. 162., Fœlix, *id.*, 1844, p. 761.
(3) E. Blanc, *Traité de la contrefaçon*, 4ᵉ édit. p. 35.

du Code pénal nous semble trop formellement contraire à l'opinion de M. Etienne Blanc pour que nous croyions devoir nous y rallier; et nous continuons à penser qu'avant 1852, l'œuvre qui avait été publiée pour la première fois à l'étranger tombait toujours dans le domaine public, quelle que fût la nationalité de l'auteur.

Le domaine public une fois en possession d'un ouvrage ne pouvait pas en être dessaisi, alors même que l'auteur aurait été Français et aurait postérieurement publié un ouvrage en France en remplissant les formalités légales, car on ne peut plus s'approprier une chose qui est dans le domaine de tous.

Mais, en sens inverse, l'auteur qui avait fait la première publication d'un ouvrage en France et obtenu ainsi la jouissance des droits d'auteur, était-il déchu de son privilège s'il publiait ensuite à l'étranger? La loi du 7 janvier 1791 sur les brevets d'invention, déclarait dans l'article 16, § 5, que l'inventeur breveté en France, serait déchu de son brevet s'il se faisait breveter à l'étranger. Cependant on avait reconnu que les déchéances étant de droit étroit, on ne pouvait étendre la loi du 7 janvier 1791 à l'auteur, et, dans le silence des lois spéciales, lui faire un grief d'avoir publié à l'étranger, à une époque où il avait déjà acquis des droits en France. D'ailleurs la déchéance édictée par la loi du 7 janvier 1791 était considérée comme inutile et même désavantageuse en matière de brevet. L'auteur n'aurait pas publié son ouvrage à l'étranger après l'avoir publié en France, que malgré cela son ouvrage aurait été répandu à l'étranger par la contrefaçon. Dès lors, pourquoi n'aurait-on pas permis à l'auteur de diminuer lui-même, par une publication faite à l'étranger, le tort que la contrefaçon étrangère lui causait même en France.

En résumé, sans s'occuper de la nationalité de l'auteur, la jurisprudence la plus générale et la doctrine la plus répandue n'accordaient la protection de la loi française, conformément à l'article 426 du Code pénal, qu'aux ouvrages qui avaient paru en France avant d'être publiés à l'étranger.

Quant aux ouvrages qui avaient été édités à l'étranger avant de l'être en France, privés de toute protection légale, ils étaient la proie des contrefacteurs. Le sort de ces ouvrages était d'ailleurs à peu près le même dans tous les pays ; presque partout ils pouvaient être reproduits au mépris du droit des auteurs.

On peut dire que c'est aux auteurs français que la contrefaçon a fait éprouver les plus graves préjudices. La littérature française était en effet à l'étranger, comme elle l'est encore aujourd'hui, l'objet d'une prédilection générale. Il faut avouer qu'elle a des titres à cette faveur. Notre langue a été propagée par nos conquêtes, et elle est consacrée par les chefs-d'œuvre des plus grands écrivains, elle est adoptée par la diplomatie et partout familière à la société studieuse et polie.

Ajoutons que nos codes librement conservés ou suivis ont maintenu leur autorité, ou laissé leur empreinte dans une moitié de l'Europe, et fourni des modèles à l'autre. Et ce qui soutient ce grand renom, c'est l'art où excellent les auteurs français de composer un livre avec cette méthode et cet ordre qui prêtent de l'intérêt aux sujets les plus sérieux, et de la clarté aux matières les plus abstraites.

C'était surtout en Belgique, où l'on parle notre langue, que la contrefaçon française avait pris le plus de développement. De nombreux établissements typographiques se fondèrent dans ce pays, des sociétés se formèrent, de grands capitaux furent engagés pour exploiter cette nouvelle branche d'industrie. On profitait de tous les progrès de l'art pour rendre ce commerce plus fructueux. Les contrefacteurs belges, affranchis de toute rétribution au profit des auteurs, étaient en outre protégés par des droits de douane élevés. Ajoutons qu'ils n'imprimaient que les ouvrages qui, ayant subi l'épreuve d'une première publication paraissaient, assurés d'un succès certain, et l'on aura une idée des gains considérables que devait rapporter une semblable exploitation, qui alimentait l'Europe et l'Amérique. On peut voir par un récit de M. Duvergier jusqu'à quel point était poussée l'audace des contrefacteurs belges (1).

Un économiste de Bruxelles portait, en 1838, la valeur annuelle de ces réimpressions à 2,500,000 francs, et l'on a constaté qu'en 1841 plus de sept cent vingt ouvrages de nos écrivains contemporains avaient déjà subi, la plupart à plusieurs reprises, le ruineux honneur de cette multiplication frauduleuse (2).

En 1841, Lamartine évaluait que la spoliation résultant de la contrefaçon intellectuelle, quant à la France, ne

(1) Pataille, *Annales de la propriété littéraire et industrielle,* 1860, p. 34.
(2) *Moniteur,* 1844, p. 2344.

s'élevait pas à moins de huit ou dix millions par an (1).

M. Victor Lefranc disait en 1850 : « Il est de tels ouvrages qui n'ont eu qu'une édition en France, et qui en
ont eu jusqu'à dix-sept en contrefaçon à l'étranger (2). »

Une note remise par les délégués de la libraire à cette
commission de 1850 permet de se rendre compte de l'effet désastreux que produisait la contrefaçon étrangère
sur le prix de revient, l'importance du tirage et le prix
de vente d'un ouvrage. « Elle établit que les frais généraux à répartir sur les exemplaires d'un ouvrage en un
volume sont de deux francs par volume si le tirage est à
deux mille et de vingt centimes seulement pour un tirage
de dix mille exemplaires. La contrefaçon paye à peu près
les mêmes frais généraux que la publication authentique, sauf les droits d'auteurs, qui sont encore de la
moitié des frais généraux. Or, comme par cette réduction dans le prix de revient, elle peut offrir une réduction
dans le prix de vente, elle cause dans l'écoulement de
l'édition authentique, une diminution égale à son propre
débit. Par suite, l'éditeur authentique est obligé de répartir les frais généraux sur un plus petit nombre
d'exemplaires, et l'on a vu que, par cela même, ils étaient
plus forts pour chaque volume dont le prix se trouve
encore augmenté d'autant. La contrefaçon n'est donc pas
seulement un impôt proportionnel, c'est un impôt pro-
gressif sur l'intelligence, et les industries qui en propa-
gent les œuvres. La contrefaçon supprimée..., les frais
généraux restant les mêmes, seront moindres pour cha-

(1) *Moniteur*, 1841, p. 634.
(2) *Moniteur*, 1850, p. 3772.

que volume et arriveront à être inférieurs à ceux de la contrefaçon même, par la raison facile à comprendre que, la contrefaçon n'étant pas unique, privilégiée, chaque contrefacteur tirait à très peu d'exemplaire et avait ainsi pour chaque volume une part plus forte de ses frais généraux, compensant en partie l'exonération des droits d'auteurs (1). »

Pour remédier aux désordres que produisait la contrefaçon, plusieurs gouvernements inscrivirent dans leurs lois le système de la réciprocité. Ils protégeaient les auteurs étrangers dans la mesure même où leurs auteurs nationaux étaient protégés dans les pays de ces étrangers.

Les petits États parlant la même langue, ont été les premiers à sentir le mal de la contrefaçon. Ils ne pouvaient plus écrire.

Les États d'Italie, à l'exception de Naples, proclamèrent l'internationalité de la propriété littéraire. La contrefaçon de l'ouvrage publié chez l'un de ces peuples était poursuivie et punie chez tous. Quelle pouvait être la rémunération d'un auteur ou d'un libraire à Rome, à Florence, à Parme, quand on pouvait réimprimer sans fraude à Naples, à Turin, à Modène, à Milan ?

Conformément à l'acte fédéral du 8 juin 1815, article 18, une résolution de la Diète germanique attribuait, en 1832, à tous les ouvrages publiés dans l'un des États confédérés, la protection qui était accordée par chaque législation spéciale aux auteurs nationaux. Les

(1) *Moniteur*, 1850, p. 3772.

décrets de 1837 et de 1839 ont complété celui de 1832.
La contrefaçon intergermanique était prohibée.

Les grands États ont fini par chercher dans le même remède un soulagement au même mal.

Mais il faut dire à l'honneur du Danemark que bien avant ce mouvement, dès 1828, une ordonnance du roi Frédéric VI, rappelant une ordonnance de 1741, reconnaissait les droits des auteurs et offrait la réciprocité aux sujets des États dont la législation l'assurait aux auteurs danois.

La Grèce inscrivit une disposition semblable dans ses codes de 1833.

Une disposition finale de la loi prussienne du 10 juin 1837 sur la propriété littéraire et artistique, la déclarait applicable aux ouvrages publiés dans un État étranger dans la mesure de la protection accordée par les lois dans cet État aux ouvrages publiés en Prusse.

En 1838, sur un vote spécial du Parlement, la reine Victoria étendit la protection de la loi anglaise aux ouvrages publiés dans les pays étrangers dont la législation assurait les mêmes avantages aux auteurs anglais.

Une disposition analogue à celle de la loi prussienne se trouvait dans une loi de Bavière du 15 avril 1840.

Même disposition dans une loi du royaume de Saxe du 22 février 1844.

Une loi de Suède de 1844 contient également le principe de la réciprocité.

Enfin ce principe est inscrit dans une loi de l'Autriche du 19 octobre 1846.

Nous avons vu que le principe de la réciprocité n'était

point pratiqué en France, où on ne protégeait que les ouvrages qui y avaient vu le jour.

Mais dans les pays qui avaient inscrit dans leurs lois le principe de la réciprocité, l'activité de la contrefaçon n'était pas plus entravée qu'en France. Il ne suffisait pas en effet d'éteindre quelques foyers de contrefaçon, il fallait en outre fermer les débouchés aux produits qui sortaient des pays où la contrefaçon trouvait encore un refuge. Ce résultat n'a été généralement obtenu que par des conventions diplomatiques.

Voyons quels furent en France les progrès accomplis par la législation.

Par un arrêté du 18 octobre 1836, M. Guizot, ministre de l'Instruction publique, institua une commission composée des principaux représentants de la littérature, des sciences et de la librairie, dont la mission est déterminée par l'article 1er de l'arrêté : « Une commission est formée près le ministère de l'Instruction publique à l'effet de rechercher tous les moyens propres à prévenir les inconvénients de la contrefaçon des livres français à l'étranger, soit par des mesures législatives, soit à l'aide de négociations avec les puissances étrangères. — La commission recueillera tous les faits et documents qui pourront éclairer la question soumise à son examen, et elle adressera au ministre de l'Instruction publique son avis motivé sur les mesures qu'il conviendrait d'adopter (1). »

Conformément à ces prescriptions, le 20 février 1837, M. Villemain, président de cette commission, présentait

(1) *Moniteur* 1836, p. 2002.

au ministre de l'Instruction publique un rapport sur les travaux et les conclusions de la commission. Plusieurs membres avaient réclamé du gouvernement une initiative complète et au besoin désintéressée. La contrefaçon est immorale en soi, disait-on; cela suffisait pour ne pas la tolérer plus longtemps chez nous. Tel ne fut pas l'avis de la majorité, dont les conclusions sont ainsi formulées dans le rapport de M. Villemain :

« 1° Que la contrefaçon étrangère des livres français ne paraissant pas pouvoir être atteinte au foyer principal de sa fabrication, c'est par des gènes apportées à sa circulation et à son débit qu'on peut utilement la combattre et la restreindre; résultat qui ne peut être suivi et obtenu que par voies diplomatiques et par conventions relatives aux douanes des divers États ;

« 2° Que, néanmoins, il y aurait lieu de proposer dans une loi spéciale, ou plutôt d'annexer à la loi projetée sur la propriété littéraire, dans le titre de la contrefaçon, une mesure de garantie offerte à la librairie étrangère ;

« 3° Qu'il importerait d'insérer dans la prochaine loi des douanes quelques dispositions nouvelles relatives au transit et à la réimportation en matière de librairie (1). »

C'est sur ce dernier point que les vœux de la commission reçurent la plus prompte satisfaction. Une loi sur les douanes du 6 mai 1841, tit. VI, art. 8, excluait du transit les contrefaçons des ouvrages français: « Les contrefaçons en librairie seront exclues du transit accordé aux marchandises prohibées par l'ar-

(1) *Moniteur*, 1837, p. 338.

ticle 3 de la loi du 9 février 1832. » Ces marchandises étaient désormais obligées de faire un détour, ce qui entraînait une gêne et des frais. Elles perdaient en outre l'apparence d'origine française que pouvait leur donner le transit et dont le but principal était de capter la confiance des acheteurs. L'article 8 de la loi du 6 mai 1841 n'oubliait pas la réimportation : « Nulle édition ou partie d'édition, dit le paragraphe 5, imprimée en France, ne pourra être réimportée qu'en vertu d'une autorisation expresse du ministre de l'Intérieur, accordée sur la demande de l'éditeur, qui, pour l'obtenir, devra justifier du consentement donné à la réimportation par les ayants droit. »

En 18.. le gouvernement soumit à la Chambre des pairs le projet de loi sur la propriété littéraire et artistique, auquel le rapport de M. Villemain fait allusion. Conformément aux vœux de la commission de 1836, il annexa à son projet de loi un article 18, dont cette commission lui avait fourni les termes. Cet article, qui s'exprime ainsi, est en effet textuellement copié du rapport : « Tous ouvrages en langue française ou étrangère, publiés pour la première fois à l'étranger, ne pourront, soit du vivant de l'auteur, soit après sa mort, avant l'expiration d'un terme fixé par les traités, être réimprimés en France sans le consentement de l'auteur ou de ses ayants droits. — Toute réimpression des dits ouvrages en contravention à cette défense sera réputée contrefaçon et punie des mêmes p.. — Cette disposition sera exclusivement appliquée à l'égard des États qui auront assuré la même garantie aux ouvrages en langue française ou étrangère publiés pour la première fois en France. »

Une commission fut nommée dans le sein de la Chambre des pairs pour étudier ce projet de loi. Elle proposa la suppression de l'article 18, qui lui semblait dangereux, parce qu'il y avait à craindre, selon elle, que la réciprocité ne fût acceptée que par les États qui, souffrant de la contrefaçon française, y trouveraient leur intérêt et repoussée par ceux qui tiraient de la contrefaçon d'importants bénéfices. Ainsi la Belgique, le foyer principal de la contrefaçon, n'avait aucun intérêt à adhérer à une semblable convention, car la France n'imprimait aucun ouvrage au détriment des auteurs ou des imprimeurs belges. D'autre part, l'Angleterre s'empresserait de conclure une convention conforme aux termes de l'article 18, car la main-d'œuvre étant plus chère en Angleterre qu'en France, on n'y imprimait aucun livre français. La réciprocité aurait donc été toute favorable aux sujets de la Grande-Bretagne et sans compensation pour les lecteurs français, obligés d'acheter les livres anglais en Angleterre, où leur cherté était excessive.

La discussion de l'article 18 fut fort remarquable. M. Villemain, alors ministre de l'Instruction publique, demanda le maintien de l'article comme étant moral dans son intention et n'exposant pas la France, dans la pratique, à être dupe de sa générosité. M. de Montalembert soutint la même opinion. M. le baron de Gerando faisait observer que, puisqu'on reconnaissait des droits aux auteurs français, il était inconséquent de méconnaître ces mêmes droits quand l'auteur est un étranger. Il citait l'exemple de plusieurs États étrangers, et notamment de la Prusse, qui avaient introduit dans leur législation le principe de la réciprocité.

MM. Cousin, Siméon, Flahaut combattirent l'article 18, et M. le duc de Broglie résuma leur argumentation en ces termes: « Si vous adoptiez l'article, il n'assurerait pas au gouvernement la facilité de faire des négociations; il lui interdirait toute négociation ; car il a pour but d'imposer au gouvernement l'obligation d'accorder la réciprocité toutes les fois qu'elle lui sera demandée et cela sans condition (1). »

A la sollicitation de M. de Gerando et de M. Teste, garde des sceaux, la Chambre des pairs demanda à sa commission une seconde rédaction de l'article 18. M. de Gerando voulait qu'on rendît l'article 18 plus précis sur le principe de réciprocité. Il fut en effet modifié en ce sens: « Toutefois cette réciprocité ne pourra être accordée qu'aux sujets des États qui assureraient aux auteurs français et aux ouvrages publiés pour la première fois en France une garantie équivalente et qui prohiberaient l'introduction sur leur territoire de toute contrefaçon, quelle que soit son origine. » Mais on déclara que régler ainsi à l'avance le sort des négociations à entreprendre, c'était à la fois porter atteinte à la prérogative royale de conclure les traités, qui devait demeurer entière, et aux droits des chambres, auxquelles il appartenait, après chaque traité conclu, de délibérer sur les mesures légales nécessaires à son exécution. Malgré sa nouvelle rédaction, l'article 18 fut rejeté.

(1) *Moniteur* 1839, p. 818.

Ainsi modifié par la Chambre des pairs le projet du
gouvernement fut présenté à la Chambre des députés
le 19 janvier 1841. Lamartine fut nommé rapporteur de
la commission chargée d'étudier ce projet. Il présenta
au nom de la commission un contre-projet portant un
article 15 ainsi conçu : « Tous les droits que la présente
loi accorde aux régnicoles seront garantis aux auteurs
d'ouvrage de littérature, de science et d'art publiés pour
la première fois à l'étranger, lorsqu'en vertu de traités
la nation à laquelle ils appartiennent aura garanti la réciprocité aux auteurs des ouvrages publiés pour la première fois en France. » Cet article rétablissait dans le
projet de loi l'article 18 repoussé par la Chambre des
pairs, en substituant la réciprocité diplomatique à la réciprocité légale. Malgré les avantages de cette innovation,
l'article 15 fut combattu dans la Chambres des députés
par les mêmes arguments qui avaient fait repousser devant la Chambre des pairs l'article 18. Mais, moins timide,
s'inspirant de l'article 15 de la commission, la chambre des députés adoptait sur amendement un nouvel
article 18 ainsi conçu : « L'étranger jouira en France de
tous les droits ci-dessus spécifiés, pour les ouvrages
dont la première publication sera faite dans le royaume.
—Il pourra être accordé, par des conventions diplomatiques, aux auteurs d'ouvrages de littérature, de science
et d'art publiés pour la première fois à l'étranger, tout
ou partie des droits établis par la présente loi. » Le
premier paragraphe de cet article était inutile puisque
la législation antérieure réglait déjà la situation qu'il
prévoyait ; le second paragraphe reproduisait la dispo-

sition même du projet de la commission. Le projet de la loi tout entier fut rejeté au scrutin définitif, par 151 voix contre 108. Ainsi le principe de la réciprocité ne peut être introduit dans nos lois.

La commission de 1836 avait proposé au gouvernement, comme premier moyen pour combattre la contrefaçon, de conclure avec les puissances étrangères des traités dans lesquels il ne fallait pas oublier d'obtenir des modifications aux lois sur les douanes. Nous avons vu en effet qu'on n'espérait pas pouvoir atteindre la contrefaçon dans son foyer principal, et qu'on ne pensait la restreindre que par des gênes apportées à sa circulation et à son débit. Le gouvernement chercha donc à obtenir par la voix diplomatique la protection des ouvrages publiés en France, en offrant de protéger sur le territoire français les œuvres parues à l'étranger.

La plus ancienne convention de ce genre se trouve dans un traité de commerce et de navigation signé à Paris le 25 juillet 1840 avec les Pays-Bas. L'article 14 de cette convention s'exprime ainsi : « La propriété littéraire sera réciproquement garantie. Une convention spéciale déterminera ultérieurement les conditions d'application et d'exécution de ce principe dans chacun des deux royaumes. » La convention annoncée ne fut conclue que le 20 mars 1855. Les négociations auraient été moins longues si l'on n'avait demandé à la Hollande que de renoncer à contrefaire les ouvrages français. Mais on voulait bloquer la Belgique, foyer principal de la contrefaçon. Il fallait donc obtenir du gouvernement

hollandais, — là était la difficulté, — qu'il fermât son territoire à la contrefaçon étrangère.

Telle était en substance la réponse que M. Guizot,
ministre des Affaires étrangères, faisait aux plaintes que
M. Vivien avait formulées à la Chambre des députés
dans la séance du 10 avril 1845 : « La convention n'a
point été faite, disait le député. Cependant le traité
principal s'exécute dans les clauses onéreuses à la
France et qui avaient pour compensation la concession
faite sur la question de propriété littéraire. Il est ainsi
appliqué dans ce qui nous est contraire, et ses stipulations favorables demeurent vaines : je désire connaître
la cause de ces retards et les négociations réclamées
pour faire valoir les droits qui avaient été reconnus à
notre profit (1). » Ce langage nous fait voir que ce
n'est pas gratuitement que notre gouvernement obte-
nait à l'étranger l'abolition de la contrefaçon.

La question de la Hollande avait été soulevée à l'occasion de la Sardaigne. Un traité, la première convention relative à la propriété des auteurs, avait été signé
entre la France et la Sardaigne le 28 août 1843. Le
10 avril 1845 la Chambre des députés le ratifiait. Sans
doute, sous le gouvernement de Juillet, le roi avait le
droit de conclure les traités. En effet, l'article 13 de la
Charte constitutionnelle de 1830 est ainsi conçu : « Le
roi est le chef suprême de l'État, il commande les forces
de terre ou de mer, déclare la guerre, fait les traités de
paix, d'alliance et de commerce; » Mais une loi était nécessaire pour mettre à exécution la convention littéraire

(1) *Moniteur*, 1845, p. 933.

du 28 août 1843. Il est de principe en effet qu'une peine
ne peut être appliquée qu'en vertu d'une loi : la convention
littéraire signée avec la Sardaigne soumettait à la loi pénale des faits qui jusqu'alors étaient licites, c'est-à-dire
la reproduction en France des œuvres publiées en Sardaigne et l'introduction en France de ces œuvres
contrefaites dans un pays étranger.

La Sardaigne occupait le troisième rang dans les exporta-
tions de la librairie française, et contribuait pour un dixième
au moins à l'ensemble des opérations de ce commerce.
Elle n'était primée que par la Belgique et par l'associa-
tion allemande. Ça n'avait pas été non plus sans sacrifice
qu'on avait obtenu cette convention de la Sardaigne (1).

Le 12 avril 1851 une autre convention pour la garantie réciproque des œuvres d'esprit et d'art était conclue
entre la France et le Portugal.

Le 20 octobre 1851 une troisième convention était
signée dans le même but avec le Hanovre.

Ces deux conventions du 12 avril 1851 et du 20 octobre de la même année ont été approuvées par des lois,
la première le 30 juin 1851, la seconde le 30 décembre
1851. Sous la constitution du 3 novembre 1848, les
traités n'étaient définitifs qu'après avoir été approuvés
par l'Assemblée nationale. « Le président de la République négocie et ratifie les traités, dit l'article 63 de la
Constitution. Aucun traité n'est définitif qu'après avoir
été approuvé par l'Assemblée nationale. »

La dernière convention relative à la propriété littéraire et artistique qui précéda le décret du 18 mars 1852,

(1) *Moniteur*, 1845, p. 933.

fut conclue avec la Grande-Bretegne le 3 novembre 1851, et ratifiée le 23 décembre suivant.

Ainsi, de l'année 1836, où le gouvernement français cherche pour la première fois les moyens de protéger à l'étranger les ouvrages français littéraires ou artistiques, jusqu'au décret de 1852, qui a pris une si généreuse initiative, c'est-à-dire dans l'espace de seize ans, la France n'avait pu conclure avec les gouvernements étrangers que quatre conventions assurant une garantie aux propriétaires de ces ouvrages. Certaines conventions n'avaient même été obtenues que grâce à d'importantes concessions douanières.

Le gouvernement français avait cependant espéré d'heureux résultats du principe de la réciprocité diplomatique. « La contrefaçon étant un vol, disait M. Guizot, il serait bon de l'abolir en principe chez soi, sans s'inquiéter de ce qui se passe ailleurs. Il faudrait ſe faire sur-le-champ, si on n'avait pas l'espérance, en invoquant le principe de la réciprocité, de faire abolir la contrefaçon ailleurs (1). » Les événements démontraient que c'était là une illusion. Il était temps d'inaugurer un autre système.

Depuis longtemps on demandait au gouvernement de protéger la propriété littéraire et artistique d'une manière complète et désintéressée. Telle avait été l'opinion de plusieurs membres de la commission nommée en 1836 pour rechercher les moyens propres à prévenir la contrefaçon. M. Villemain s'exprimait ainsi dans son rapport : « D'honorables membres pensaient que la contre-

(1) *Moniteur*, 1843, p. 931.

façon des œuvres scientifiques et littéraires étant même
de nation à nation un fait immoral, un frauduleux trafic,
il importait de ne pas le tolérer plus longtemps chez
nous et de prendre immédiatement à cet égard, par une
prohibition absolue, la défense des intérêts étrangers et
l'honneur d'un noble exemple, au risque même de ne
pas éprouver de retour. Dans cette pensée, la législation
française ferait pour la contrefaçon des livres étrangers
en France ce qu'elle a fait à une autre époque pour le
droit d'aubaine; elle donnerait l'exemple de l'abolir chez
elle, avant de profiter elle-même au dehors de cette abolition. En fait, disait-on, une telle mesure n'aurait guère
à s'appliquer en France qu'à la littérature anglaise, dont
les œuvres récentes les plus célèbres sont reproduites
par les presses de Paris, comme par celles des États-
Unis (1). » Lamartine tenait le même langage au nom
de la commission de 1841 : « L'équité naturellement, dont
il est toujours glorieux d'être les précurseurs, et les intérêts les mieux éclairés sur ce qui les concerne, les
écrivains, les imprimeurs, les libraires étaient ici d'accord et nous demandaient avec instance et avec unani-
mité la proclamation même téméraire et gratuite d'un
grand principe de moralité et plus élevé au-dessus des
rivalités nationales (2). » Le marquis de la Grange proposa un amendement pour faire introduire dans la loi de
1841 une disposition qui assimilât les auteurs étrangers
aux nationaux : « Il est politique de se montrer désinté-
ressé, disait-il pour soutenir son amendement, quand on

(1) *Moniteur*, 1837, p. 338.
(2) *Moniteur*, 1841, p. 634.

veut faire appel à la générosité des autres. J'ajouterai
encore que c'est le seul moyen infaillible de succès... Il
faut mettre le succès des négociations sous la garantie
d'un principe, il faut pouvoir dire aux auteurs étrangers:
Ce n'est pas parce que nous y avons un grand intérêt que
nous vous engageons à abolir la contrefaçon, mais c'est
parce qu'en cela vous satisferez à un principe moral,
humanitaire, dont l'application ne peut être contestée
par personne (1)... » Ce langage plein de sagesse ne fut
pas compris par la Chambre.

Cependant chaque convention littéraire était devant les
pouvoirs législatifs l'occasion des mêmes protestations.
Dans son rapport au nom de la commission chargée
d'étudier le projet de loi relatif à la convention franco-
sarde du 28 août 1843, M. Vivien disait: « On a souvent
proposé de proclamer en France le droit des auteurs
étrangers et de lui accorder la protection dont jouissent
les nationaux. C'est le vœu des gens de lettres exprimé
par leurs délégués et de la librairie parisienne elle-même,
bien que quelques maisons se livrent à des publications
de livres étrangers. Ce serait aussi notre disposition.
La Belgique s'arme contre nous de notre propre législation, qui ne punit point la réimpression des livres étrangers en France et notre loi donnerait un noble exemple
en consacrant spontanément et indépendamment de toute
réciprocité les droits de tout auteur national ou étranger (2). » Dans la séance du 10 avril 1845, M. Saint-Marc
Girardin s'écriait : « Le droit de contrefaçon est en quel-

(1) *Moniteur*, 1841 p. 856.
(2) *Moniteur*, 1844, p. 2344.

que sorte le droit d'aubaine appliqué aux vivants (1). »
Dans la même séance M. Lherbette disait non sans élo-
quence : « Qu'est-ce que la contrefaçon ? La contrefaçon
est rangée par votre Code pénal au nombre des vols,
mais votre Code ne s'occupe que des contrefaçons des
ouvrages de vos nationaux; ce qui n'empêche pas que
la contrefaçon des ouvrages des étrangers ne soit mora-
lement un acte de même nature. Eh bien, pour sanctionner un principe comme celui de la prohibition du
vol, est-il donc nécessaire d'obtenir la réciprocité des
gouvernements étrangers ? Pour punir chez nous le vol
commis au préjudice des auteurs étrangers, est-il nécessaire que les gouvernements étrangers en agissent de
même à l'égard de nos auteurs ? La condition de réciprocité pour l'établissement d'un principe moral! La
morale ne serait donc plus une vertu, un devoir, mais
un marché (2). »

M. Victor Lefranc s'exprimait en ces termes dans le
rapport qu'il présentait à l'Assemblée nationale le 27 décembre 1850, au nom de la commission chargée d'examiner le projet de loi relatif à la convention supplémentaire, conclu le 5 novembre 1850 entre la France et la
Sardaigne, pour la protection de la propriété littéraire et
artistique : « Quand la législation intérieure sera com-
binée de façon à respecter à la fois et les droits des
créateurs et les droits du public, on aura bien plus d'autorité pour réclamer la proclamation et l'observation
du principe dans les relations internationales. — Mais

(1) *Moniteur*, 1845, p. 933.
(2) *Moniteur*, 1845, p. 934.

cette autorité s'accroîtrait peut-être plus encore, si l'on suivait la voie si noble, si féconde et si peu périlleuse que la France a ouverte et indiquée par la suppression du droit d'aubaine ; si l'on poursuivait spontanément et sans condition toute contrefaçon dans notre pays, sans aucune distinction entre les œuvres nationales et les œuvres étrangères. — Le peuple qui donnerait cet exemple, aurait pour lui la morale et les principes. Si ce peuple était la France, il aurait l'autorité de ses traditions (1). »

C'est le même langage que tenait encore M. Barthélemy-Saint-Hilaire, dans la discussion de la loi approuvant la convention franco-portugaise : « Je voudrais que le gouvernement français, dit-il, dans la séance du 30 juin 1851, s'honorât lui-même en consacrant en France le droit des auteurs étrangers, comme on garantit les droits des auteurs nationaux. J'ajoute que ce serait non seulement une excellente mesure et même une mesure honorable pour le caractère national, mais que, en même temps, nous porterions un tort très léger à l'industrie coupable qui vit encore chez nous de ces profits illicites et qui d'ailleurs mérite peu de ménagements... Quand nous aurons commencé par déclarer que la contrefaçon chez nous est un délit puni par les lois, je crois que nous obtiendrons plus facilement des gouvernements qu'ils l'abolissent chez eux (1). »

Le décret du 28 mars 1852 vint répondre à ces réclamations. Ce décret, émané d'un pouvoir dictatorial, a peut-être hâté la reconnaissance du principe qui assimile

(1) *Moniteur*, 1850, p. 3772.
(2) *Moniteur*, 1851, p. 1852.

désormais les auteurs étrangers aux auteurs nationaux, mais, on vient de le voir, les esprits étaient préparés à cet acte de justice.

Voyons dans quelle mesure il a été substitué à la législation du Code pénal.

CHAPITRE IV

DE LA PROTECTION ASSURÉE AUX OUVRAGES ÉTRANGERS PAR LE
DÉCRET DU 28 MARS 1852

Ire SECTION

DES PERSONNES ET DES CHOSES VISÉES PAR LE DÉCRET

Le décret du 23 mars 1852 est précédé d'un court exposé des motifs qui en expliquent le but. Le ministre
de la Justice s'adressait en ces termes au président de
la République: « Monseigneur, le droit d'auteur, qui consiste dans le droit temporaire à la jouissance exclusive
des produits scientifiques, littéraires et artistiques, est
consacré par la législation française au profit des nationaux et même des étrangers, relativement aux ouvrages publiés en France. Mais l'étranger qui peut acquérir et possède sous la protection de nos lois des
meubles et des immeubles, ne peut empêcher l'exploitation de ses œuvres au moyen de la contrefaçon sur le
sol d'ailleurs si hospitalier de la France. C'est là, monseigneur, un état de choses auquel on peut reprocher
non seulement de n'être pas en harmonie avec les règles
que notre droit positif tend sans cesse à généraliser,
mais même d'être contraire à la justice universelle. Vous
aurez consacré l'application d'un principe salutaire, vous
aurez assuré aux sciences, aux lettres et aux arts un
encouragement sérieux, si vous protégez leurs produc-

teurs contre l'usurpation, en quelque lieu qu'elles aient vu le jour, à quelque nation que l'auteur appartienne. Une seule condition me paraît légitime, c'est que l'étranger soit assujetti, pour la conservation ultérieure de son droit, aux mêmes conditions que les nationaux. »

Le décret ne contient que quatre articles, mais il renvoie à la loi du 19 juillet 1793, aux décrets du 1ᵉʳ germinal an XIII et du 5 février 1810, à la loi du 25 prairial an III et aux articles 425, 426, 427 et 429 du Code pénal.

A raison de son importance nous en transcrivons ici le texte.

« Art. 1ᵉʳ. — La contrefaçon sur le territoire français d'ouvrages publiés à l'étranger et mentionnés en l'article 425 du Code pénal, constitue un délit.

« Art. 2. — Il en est de même du débit, de l'exportation et de l'expédition des ouvrages contrefaits. L'exportation et l'expédition de ces ouvrages sont un délit de la même espèce que l'introduction sur le territoire français d'ouvrages qui, après avoir été imprimés en France, ont été contrefaits à l'étranger.

« Art. 3. — Les délits prévus par les articles précédents seront réprimés conformément aux articles 427 et 429 du Code pénal. L'article 463 du même Code pourra être appliqué.

« Art. 4. — Néanmoins la poursuite ne sera admise que sous l'accomplissement des conditions exigées relativement aux ouvrages publiés en France notamment par l'article 6 de la loi du 19 juillet 1793. »

Ce décret a paru regrettable à plus d'un jurisconsulte.

« Le législateur, dit M. Calmels, en le rédigeant a oublié que l'intérêt était la mesure des actes d'un gouvernement, comme il est la mesure des transactions entre
particuliers. Par ce décret, il donne sans acquérir, il
enrichit les nations étrangères sans nous accorder chez
elles l'exercice de nos droits (1). » Les événements ont
démontré l'erreur de ce langage. Le décret de 1852,
loin de nous nuire, a tout au contraire hâté la conclusion
de nombreux traités pour la garantie des œuvres de littérature et d'art. On ne pouvait plus nous opposer notre
législation et s'en faire un prétexte pour tolérer la contrefaçon.

Aussi le congrès littéraire international tenu à Bruxelles
en septembre 1858, le premier congrès de ce genre,
a-t-il hautement approuvé le décret du 28 mars 1852. Par
la bouche de M. Romberg (2), rapporteur de la section
chargée d'étudier les questions internationales, il demandait que les principes consacrés par ce décret devinssent
d'une pratique universelle, attendu qu'aucun pays n'en
pouvait contester la légitimité. Nous aurons à constater
que ce vœu, déjà ancien pourtant, n'est cependant pas
encore près de se réaliser.

Le décret du 28 mars 1852 est donc venu effacer, en
partie du moins, comme nous le verrons, la différence
que l'on avait faite jusque-là entre les ouvrages parus en
France et les ouvrages parus à l'étranger. La législation
et la jurisprudence refusaient toute protection à ces
derniers. Cette injustice est réparée ; la contrefaçon sur

(1) Calmels, *Propriété et contrefaçon*, p. 512.
(2) Palaille, *Annales de la propriété industrielle*, p. 430.

le territoire français d'ouvrages publiés à l'étranger constitue desormais un délit.

Il n'y a pas à rechercher la nationalité de l'auteur,
le décret profite aux étrangers comme aux Français. Rien
là ne doit surprendre. Le décret ne fait que compléter
les lois antérieures, il doit donc correspondre à leur esprit. Or nous avons vu que sous l'empire de la législation antérieure à 1852, pour les ouvrages alors protégés, c'est-à-dire pour ceux publiés en France, on ne
faisait aucune distinction relative à la nationalité de
l'auteur, il n'en faut donc faire aucune depuis 1852 pour
les ouvrages publiés à l'étranger. Cette interprétation
ressort jusqu'à l'évidence des termes du préambule de
notre décret. On s'y occupe avant tout de l'auteur étranger et l'on fait ressortir l'injustice qu'on commet à son
égard en tolérant la contrefaçon de ses œuvres sur le
sol français, alors qu'on lui permet d'y acquérir et d'y
posséder des meubles et des immeubles sous la protection des lois. Il est donc hors de doute que l'auteur qui
a publié à l'étranger est protégé en France contre la
contrefaçon, alors même qu'il serait de nationalité étrangère. Est-il nécessaire de démontrer que l'auteur français qui a publié à l'étranger n'encourt aucune déchéance
pour cette préférence peut-être coupable? A lire le préambule du décret, il semblerait que sous la législation antérieure, l'auteur français était toujours protégé, quelque
fût le lieu de la publication. On n'établit en effet de distinction qu'à l'égard de l'auteur étranger. Nous avons
vu ce qu'il faut penser de cette interprétation. Quoi qu'il
en soit, elle ne laisse aucun doute sur la pensée du légis-

lateur qu'on ne peut interpréter dans un sens exclusif.
La conclusion du préambule est d'ailleurs conçue en
termes si larges qu'elle enveloppe toutes les hypothèses :
« Vous aurez assuré aux sciences... un encouragement
sérieux, si vous protégez leurs productions contre l'usurpation en quelque lieu qu'elles aient vu le jour, à quelque
nation que l'auteur appartienne. »

En supprimant dans la législation l'importance qu'on
attachait au lieu où l'ouvrage a été publié pour la première fois, le décret de 1852 permet d'atteindre un
double résultat. Les auteurs en effet peuvent faire paraître leurs œuvres dans un pays dont la législation exige
que la première publication ait lieu sur son territoire et
y acquérir ainsi les avantages que leur assure la loi sans
perdre par ce fait le droit de poursuivre en France les
contrefacteurs de cette œuvre. Ajoutons qu'en l'absence
de convention diplomatique avec un semblable pays,
cette faculté peut être d'un grand secours pour les auteurs français.

Ainsi, relativement aux personnes, le décret de 1852
s'applique aux auteurs français et étrangers sans distinction, et à cet égard aucune observation n'est à faire.

Relativement aux choses, le décret est spécial aux
ouvrages parus à l'étranger. Ici nous avons à résoudre
plusieurs difficultés qui tiennent soit à l'interprétation
des textes auxquels renvoie le décret de 1852, soit à
l'interprétation du décret lui-même.

II° SECTION

DIFFICULTÉS RELATIVES AUX OUVRAGES PROTÉGÉS PAR LE DÉCRET

§ Ier. — Le décret ne s'applique qu'aux œuvres de littérature et d'art

Le décret du 28 mars 1852 ne s'occupe que des œuvres scientifiques, littéraires et artistiques. Plusieurs passages du rapport qui le précède en sont une preuve certaine. Mais relativement aux œuvres artistiques, une difficulté se présente. Il est d'abord souvent fort difficile de déterminer le caractère artistique d'une œuvre. Mais la difficulté augmente encore pour les œuvres qui peuvent revêtir indifféremment l'un et l'autre de ces deux caractères. Quand pourra-t-on les dire artistiques et quand industrielles ?

Il est surtout nécessaire de prendre une décision à propos des dessins et modèles de fabrique, qui sont en effet régis par deux lois différentes, l'une les considère au point de vue artistique, c'est la loi de 1793, l'autre au point de vue industriel, c'est la loi de 1806. Cependant ces deux caractères s'excluent l'un l'autre, et la loi ne donne pas de définition qui permette de savoir quand un dessin est artistique et quand il est industriel. Cette question n'est pas cependant sans importance. Le dessin industriel est susceptible d'une jouissance exclusive perpétuelle, la propriété artistique n'a qu'une existence limitée. Le dépôt de dessins industriels se fait au greffe des conseils de prud'hommes ou des tribunaux

de commerce, celui des seconds au bureau des Estampes
de la Bibliothèque nationale. Les règles de la transmis-
sion héréditaire sont fixées par le Code civil pour les
dessins industriels, pour les autres par la loi de 1806.
Les tarifs de transport varient suivant qu'il s'agit d'une
œuvre artistique ou d'une œuvre industrielle. Enfin, au
point de vue international, le décret de 1852 ne s'applique qu'aux œuvres artistiques, les dessins artistiques
sont donc protégés sans condition de réciprocité ; tandis que la loi de 1806 sur les dessins de fabrique ne
contenant aucune position spéciale, c'était, sous l'empire
de cette loi, les articles 11 et 13 du Code civil qu'il fallait appliquer. Il n'était pas douteux que l'étranger jouissait en France d'un droit sur ses dessins de fabrique
lorsqu'un traité avait assuré aux Français la protection
des leurs dans le pays de cet étranger, ou que l'étranger avait obtenu l'autorisation de résider en France. En
dehors de ces hypothèses, la solution dépendait de la
manière dont on entendait l'article 11. Cette difficulté
est tranchée depuis la loi du 16 novembre 1873, car aux
termes de son article 9, les dispositions des lois en vigueur touchant le nom commercial, les marques, dessins ou modèles de fabrique, ne sont appliquées au profit des étrangers que « si, dans leur pays, la législation
et les traités internationaux assurent aux Français les
mêmes garanties. » La protection des dessins et des
modèles de fabrique est donc soumise tout au moins à
la réciprocité légale.

On voit donc qu'il est intéressant à notre point de vue
de rechercher si l'on se trouve en présence d'un dessin

artistique ou d'un dessin industriel. Voyons donc rapidement les systèmes qui ont été proposés pour établir le critérium de cette distinction.

Dans un premier système, on se fonde sur le mode de reproduction. Sont industriels tous les dessins reproduits par des procédés mécaniques. Cette distinction n'est pas rationnelle, ce n'est pas le procédé de production qui fait l'art.

D'autres auteurs se sont fondés sur le caractère intrinsèque du dessin. Ce caractère est-il artistique, le dessin restera artistique, indépendamment des applications qu'on en pourra faire. Dans le cas contraire, il sera industriel. Ce système a été adopté par le congrès international de la propriété artistique qui s'est tenue à Paris en 1878. La difficulté qu'il présente est de savoir ce qu'il faut entendre par l'art. « Il n'existe pas de mot, disent les auteurs de l'*Encyclopédie du* xix° *siècle*, au mot *art*, dont le sens soit aujourd'hui moins assuré, il n'existe pas de sujet où il soit plus besoin d'une définition rigoureuse. » C'est là une question insoluble de déterminer où commence l'art, où finit l'industrie. Et alors même qu'on pourrait le dire aujourd'hui, demain cette limite sans cesse mobile serait déplacée par le moindre progrès de l'industrie. Ce système laisse trop la solution de la question à l'arbitraire des juges, il est donc dangereux. M. Bozerian le combattait au Congrès de la propriété artistique : « Mais, dit-on, s'écriait-il, la jurisprudence fixera la limite. Messieurs, je défie les juges de faire ce que le législateur ne peut pas faire ; ce qui est impossible pour l'un est impossible pour l'autre

Laisser sur ce point liberté complète aux tribunaux, c'est laisser la porte ouverte au caprice, à la mode, à l'entraînement, à la passion. »

Dans un troisième système, on s'occupe de la destination. Le dessin a-t-il été créé pour répondre à un besoin artistique, il sera artistique; est-il au contraire destiné à l'ornementation des produits industriels, il ne faut y voir qu'un dessin de fabrique. Mais l'auteur ne sait souvent pas lui-même quelle est la destination principale qu'il prétend donner à son dessin. En outre, le dessin peut avoir un caractère artistique et se prêter à une exploitation industrielle, de telle sorte qu'il est impossible de dire en vue de quelle destination il a été fait. Le critérium de ce système est donc incertain. Il met l'auteur dans l'embarras de savoir de quelle loi il doit invoquer la protection, ou il l'oblige à une double formalité. Enfin, ce système, comme le précédent, laisse une trop large place à l'arbitraire du juge, car dans bien des cas il serait aussi difficile de se prononcer sur la principale destination d'un dessin, que de décider de son mérite artistique.

Il est évident que les objections soulevées par tous les systèmes, car aucun n'en est exempt, résultent du point de départ de la loi. Cette question est insoluble, parce que c'est une erreur législative de vouloir distinguer entre le dessin artistique et le dessin industriel. La nature des choses ne comporte aucune distinction de ce genre. Le dessin, qu'il soit industriel ou artistique a droit dans tous les cas à la même protection de la loi. La loi ne doit pas ici accorder une récompense au mérite, elle doit reconnaître un droit de propriété. Or toute propriété a droit au même respect, et à la même protection. Distingue-t-on entre le parc d'un grand seigneur et le champ d'un paysan?

Au point de vue législatif, il faudrait donc effacer la division que fait la loi. Mais nous avons ici à interpréter sa pensée, et nous croyons le faire en nous ralliant au premier système qui s'appuie sur le procédé de reproduction. Sans doute ce système n'est pas exempt de reproches. Il se fonde sur un pur fait, aussi le même dessin pourra bien être à la fois industriel et artistique, et l'auteur, pour la conservation de ses droits, sera contraint alors à une double démarche. Mais il échappe presque complètement à un reproche dont les autres systèmes ne peuvent se justifier. Il ne laisse que rarement au juge un arbitraire toujours fâcheux. Ensuite il nous semble que le motif de la distinction faite par la loi se base sur l'imperfection qu'un procédé mécanique aura toujours, par suite de l'inconscience de ses agents en présence d'une œuvre qui est le résultat immédiat ou du moins aussi direct que possible de la pensée humaine. La loi semble avoir considéré la même œuvre faite par la main de l'auteur et reproduite par des moyens mécaniques. Il est évident que l'œuvre directe de l'artiste sera toujours plus parfaite que sa reproduction. C'est ce qui a sans doute causé l'illusion de la loi. Car si elle avait considéré l'ensemble des productions industrielles et des productions artistiques, elle aurait reconnu bien vite que les œuvres de tel artiste sont loin d'avoir la même valeur que les reproductions mécaniques des œuvres de tel autre. Cela fait sentir combien il serait utile de modifier la législation sur ce point.

Ainsi les œuvres mécaniques, selon nous, ne sont pas artistiques. Cette solution paraît simple; cependant, nous le reconnaissons encore, dans certains cas particuliers, elle peut soulever quelques difficultés. Le caractère mécanique, si apparent en général, peut être quelquefois incertain. Mais les décisions à prendre dans ces hypothèses atténueront la rigidité de notre système. Nous croyons d'ailleurs qu'elles n'interviendront jamais que dans les cas qui échappent à toute classification et, participant tantôt plus de l'un tantôt plus de l'autre, servent de trait d'union entre l'art et l'industrie.

C'est ainsi qu'on s'est demandé si les œuvres photographiques étaient artistiques ou industrielles : de la solution de cette question dépend la protection du décret de 1852.

Dans un premier système, on n'y voit que des œuvres mécaniques, car, dit-on, pour les obtenir, c'est l'appareil beaucoup plus que l'intelligence qui travaille.

Dans un second système, les photographies peuvent être des objets d'art, mais leur caractère artistique est laissé à l'appréciation des tribunaux.

Nous partageons l'opinion d'un troisième système : il reconnaît dans tous les cas aux photographies un caractère artistique. La différence qui apparaît entre les œuvres de deux photographes prouve, en effet, le rôle joué dans la préparation des épreuves par la personnalité et l'intelligence de chacun d'eux.

En Allemagne, une loi du 10 janvier 1876, et en Nor-

vège, une loi du 12 mai 1877 ont mis les photographies
à part des œuvres artistiques.

§ II. — Œuvres de sculpture et d'architecture

Le décret de 1852 punit la contrefaçon des œuvres
mentionnées dans l'article 425 du Code pénal. Or la sculpture ne figure pas dans l'énumération de cet article;
faut-il cependant le lui appliquer? La jurisprudence n'a
jamais hésité à le faire, et nous croyons qu'elle a eu raison.

En effet, si l'article 425 ne cite pas nommément la
sculpture, les expressions : « ou de toute autre production », qui terminent son énumération par suite incom-
plète, la comprennent certainement. Si quelques doutes
subsistent, l'article 427, qui se rapporte intimement à
l'article 425, doit les dissiper. Il parle en effet de la
confiscation des moules ou matrices ; or ces expressions
suffisamment claires ne peuvent s'appliquer qu'aux ouvrages de sculpture. D'ailleurs, en vertu des articles 3
et 7 de la loi du 19 juillet 1793, le décret de 1852 s'applique à toutes les manifestations de la pensée qui sont
du domaine des beaux arts. C'est encore ce que répète
le rapport qui précède le décret. Il parle en effet d'une
manière générale des lettres, des sciences et des arts.
Donc, nul doute qu'on puisse appliquer aux ouvrages
de sculpture les dispositions du décret de 1852.

Il n'y a pas davantage à hésiter pour les ouvrages
d'architecture ; les termes du rapport qui précède notre
décret s'y étendent aussi bien qu'à la sculpture. L'ar-

chitecture n'est-elle pas d'ailleurs une branche de l'art
du dessin? Mais, dit-on, qu'importe un droit, s'il n'a pas
de sanction. En effet on ne peut admettre qu'il sera possible de confisquer un édifice contrefait: cet argument
cependant ne nous touche pas. La confiscation pourra
toujours s'appliquer aux dessins et plans contrefaits.
Ensuite la confiscation n'est pas la seule sanction de la
loi, et dans certains cas où elle est ordonnée, comme dans
les brevets d'invention, on ne l'applique qu'autant qu'elle
est possible. Nous ne voyons donc pas de raison sérieuse
pour refuser l'application du décret de 1852 aux ouvrages d'architecture.

§ III. — Représentations dramatiques ou musicales

Le décret de 1852 protège les auteurs dramatiques et
les compositeurs de musique contre la contrefaçon pro-
prement dite : c'est-à-dire que leurs œuvres ne peuvent
pas être reproduites par l'impression sans leur consentement. Mais ce décret s'étend-il au droit de représentation qui appartient aux auteurs dramatiques et aux
compositeurs de musique? Un directeur de théâtre pour-
rait-il, sans autorisation de l'auteur, faire représenter un
ouvrage qui aurait paru à l'étranger?

Cette question s'est présentée pour la première fois
devant la justice française à l'occasion de la représentation des opéras de Verdi. Mais l'illustre compositeur a
échoué devant toutes les juridictions.

Il paraît singulier que le décret de 1852, mesure généreuse, source d'un droit nouveau qui donne l'exemple

de la consécration la plus large de la propriété littéraire
et artistique, ait pu laisser abandonné à l'usurpation,
sciemment, de parti pris, le droit de l'auteur dramatique
à la représentation de son œuvre. Le législateur aurait-
il eu la pensée de régler dans des lois différentes le
droit de publication et celui de représentation? Cela
semble douteux, puisque, par une loi du 1er septembre
1793, il avait étendu la loi du 19 juillet de la même année
aux auteurs dramatiques, tant pour la représentation
que pour l'impression, et qu'il avait décidé dans une loi
du 3 août 1844 que le décret du 5 février 1810 serait
désormais applicable au droit de représentation des ouvrages dramatiques, ce qui, entre parenthèses, avait pour
conséquence certaine de protéger les ouvrages étrangers
ayant vu le jour sur une scène française. Il y avait eu également
ment assimilation pour les œuvres posthumes. Le législateur était donc plus naturellement porté à identifier les deux
droits de publication et de représentation qu'à les séparer
par des différences dans la protection qu'il leur accordait. Il est d'ailleurs difficile de comprendre qu'il soit interdit de livrer un ouvrage à la publicité par l'impression
et qu'on puisse le faire par la représentation contre le
gré de l'auteur. Cependant, bien que le décret du 28 mars
1852 vise la loi du 19 juillet 1793 et le décret du 5 février 1810, ainsi que le décret du 1er germinal an XIII,
et qu'il semble par suite s'appliquer au droit de représentation tout aussi bien qu'au droit du publication,
l'absence dans le décret de mention spéciale relative à
l'article 423 du Code pénal qui est fondamental en matière de représentation, nous autorise à penser que le

législateur n'a pas voulu assimiler les deux droits qui nous occupent, du moins à l'égard des étrangers.

On a donné plusieurs raisons pour légitimer cette distinction. Une édition contrefaite cause à l'auteur un préjudice sérieux parce qu'elle s'adresse aux lecteurs de tous les pays. Une représentation illicite ne s'adresse qu'à un cercle fort restreint d'auditeurs. D'autre part la représentation est une œuvre collective, les décors, les acteurs assurent souvent à eux seuls le succès d'un ouvrage. On comprend donc jusqu'à un certain point que le droit d'édition et celui de représentation ne soient pas soumis aux mêmes règles.

On fait enfin valoir une raison politique, une raison internationale pour fortifier cette opinion. Le gouvernement, en 1852, a pris une généreuse initiative en faisant à l'étranger la concession d'une partie des droits qui lui étaient jusque-là refusés. Mais, dit-on, il ne fallait pas trop donner pour obtenir des concessions par la voie diplomatique. Or c'était surtout au point de vue des intérêts de la propriété dramatique que la France était partout victime de la contrefaçon étrangère, car le monde entier n'a pas d'autre répertoire que le nôtre. Le décret de 1852 n'aurait donc fait sur ce point aucune concession, afin précisément d'avoir à les faire plus tard en échange des traités diplomatiques auxquels la France faisait depuis longtemps appel. Ces explications, nous ne le cachons pas, nous paraissent insuffisantes. Elles sont en effet trop contraires à l'esprit du décret de 1852 pour entraîner la conviction.

M. Demangeat ne peut se résigner à ne pas appliquer

le décret de 1852 au droit de représentation (1). Si ce décret ne fait pas mention de l'article 428 du Code pénal, cela veut seulement dire, d'après cet auteur, que l'amende de 50 à 500 fr. édictée par cet article est inapplicable. Mais le décret renvoie à l'article 429, qu'il faut exécuter dans son entier, par suite il peut y avoir lieu, au profit de l'auteur représenté sans son autorisation, à la confiscation des recettes ou à une indemnité. Le décret, ajoute M. Demangeat, ne cite l'article 425 du Code pénal que pour indiquer quels sont les objets qui peuvent être contrefaits ; mais de quelle manière s'opère la contrefaçon, aucun article ne le dit et ne peut le dire.

Nous répondrons à M. Demangeat que si la contrefaçon revêt des formes multiples, le législateur du moins en prévoit une, à laquelle il consacre un article spécial, c'est l'article 428 qui est relatif au droit de représentation. Or cet article le décret de 1852 ne le cite pas. On ne peut voir là un oubli, puisque le décret applique les deux articles entre lesquels cet article 428 est intercalé.

En présence de la lettre du décret, nous croyons encore une fois plus sûr de décider que le droit de représentation des ouvrages étrangers est soumis aux règles qui régissaient la propriété littéraire et artistique avant 1852. Ils ne sont par suite protégés en France, en l'absence de convention diplomatique, qu'autant qu'ils ont paru sur une scène française avant d'être représentés à l'étranger. Nous pouvons donc signaler ici une différence profonde entre les ouvrages étrangers et les ouvrages français.

(1) Demangeat, *Revue pratique*, II, p. 259 et s.

§ IV. — Traductions

La loi du 19 juillet 1793 ne parle pas de traduction, et
le décret de 1852 ne s'explique pas sur cette question.
On en a conclu qu'une traduction ne tombait pas sous
le coup de la loi. On ajoute que la contrefaçon est un
délit et qu'on ne peut dire délictueux que les faits expressément déclarés coupables. On ne peut étendre une
peine d'un cas à un autre. Les lois pénales sont en effet
limitatives. Ce qui semble achever de démontrer qu'il y
a sur ce point une lacune dans la législation, c'est le
soin que les conventions internationales ont pris de régler tout particulièrement la question de traduction. Si
la loi française avait protégé l'auteur contre les traducteurs, il aurait été inutile de stipuler que l'auteur étranger jouira du droit de traduction.

Enfin, dit-on, dans l'intérêt public, il est nécessaire
que le droit de traduction soit libre. Il ne faut pas que
la société soit privée d'un ouvrage qui est apprécié à
l'étranger, parce qu'il plaît à l'auteur de n'en pas donner
de traduction. En outre, la concurrence poussera les
traducteurs à donner des traductions plus exactes et plus
littéraires.

Nous repoussons cette manière de voir. Mais pour
écarter toute confusion, établissons un premier point.
Une traduction, quel que soit son mérite, est susceptible
d'un droit de propriété, en ce sens que nul autre que son
auteur ou les ayants cause de son auteur ne peut la reproduire. C'est en ce sens que beaucoup de conven-

tions protègent le traducteur par rapport à la version qu'il a donnée d'un ouvrage. Mais tous les traducteurs d'un même ouvrage ont-ils le droit de publier concurremment leurs traductions? Lorsque l'ouvrage traduit est dans le domaine public, ils le peuvent sans aucun doute. En effet, si pour ces ouvrages chaque traducteur a sur sa version un droit exclusif, comme les conventions l'ajoutent, le premier traducteur de ces sortes d'ouvrages n'acquiert pas un droit exclusif de traduction sur l'ouvrage qu'il traduit. Nous croyons, au contraire, que, lorsque l'ouvrage original est encore dans le domaine privé de l'auteur, lui seul a le droit d'en publier une traduction.

La loi du 19 juillet 1793 semble muette sur ce point, et l'on voudrait s'autoriser de son silence pour refuser à l'auteur le droit exclusif de traduction. Qu'on le remarque cependant, l'article 1" de cette loi s'occupe des peintres et des dessinateurs qui feront graver des dessins ou des tableaux, et l'article 3 ordonne aux officiers de paix, de confisquer au profit des peintres et des dessinateurs tous les exemplaires des éditions imprimées ou gravées sans la permission formelle et par écrit des auteurs. Il y a là, croyons-nous, une indication, une manifestation de la volonté du législateur qui doit faire trancher, en faveur des auteurs, la question qui nous occupe. Disons d'abord que l'article 1" de la loi de 1793 en s'occupant de gravure, est purement explicatif. La gravure était, en effet, à l'époque où cette loi était rendue, le mode le plus ordinairement employé pour la reproduction des tableaux et dessins. Ainsi s'explique la mention spéciale

qu'en fait la loi. Il n'y a donc aucun argument par *a
contrario* à en tirer à l'égard des traductions. Tout au
contraire, car si la loi, malgré les différences profondes
qui séparent la gravure de la peinture, reconnaît cependant qu'il y a contrefaçon à reproduire, à l'aide du premier de ces arts, les œuvres dues au second, il faut
également admettre que la traduction des ouvrages de
littérature est interdite. Il n'est pas difficile, en effet, de
démontrer dans un parallèle les analogies qui rapprochent
une traduction d'une gravure. Entre un tableau et sa gravure il n'y a qu'une différence de couleur ; entre le livre
et sa traduction, il n'y a qu'une différence d'idiome. Les
auteurs donnent à leur pensée une forme et un corps,
par le plan de l'ouvrage, la combinaison des idées et le
style. Le plan de l'ouvrage, la combinaison des idées
survivent dans une traduction. De même, la composition
d'un tableau, la pose, le groupement des personnages
dans une gravure. Il n'y a donc aucune bonne raison pour
ne pas déclarer que la traduction d'un livre n'est pas
plus dans le domaine public que la gravure d'un tableau.
Il est vrai qu'une gravure peut causer plus de préjudice
au peintre qu'une traduction à l'écrivain. Mais ce n'est
pas l'importance plus ou moins grande du préjudice qui
doit servir de base à la protection de la loi. Il faut envi-
sager si l'auteur a un droit préférable à celui du traducteur. A ce point de vue l'analogie reparaît entre une
gravure et une traduction. La question ne saurait donc
être douteuse. Puisque la loi préfère le peintre au gra-
veur, l'auteur doit avoir un droit préférable à celui du
traducteur. Qu'on ne nous parle pas du travail personnel

qu'exige une traduction ; ne le retrouvons-nous pas dans une gravure? Or, puisque la loi n'en a pas tenu compte dans ce dernier cas, il faut en conclure qu'une traduction n'est pas une chose appropriable sur laquelle le travail puisse légitimement s'exercer. En résumé, l'esprit largement généreux de la loi de 1793 nous autorise à combler la lacune qu'elle semble contenir au sujet des traductions, en invoquant les dispositions qu'elle renferme en faveur des peintres et des dessinateurs et, lorsque la loi accorde aux auteurs le droit exclusif de vendre, faire vendre et distribuer leurs ouvrages, nous comprenons, dans l'expression d'ouvrage, que rien ne vient restreindre, les traductions elles-mêmes.

Nous ne croyons pas que le silence du décret de 1852 soit plus significatif que celui de la loi de 1793. Le but des lois relatives à la propriété littéraire est d'assurer aux auteurs l'exploitation exclusive de leurs droits. Il faut donc savoir ce qu'elles entendent par contrefaçon.

Or, comme le fait remarquer M. Renault, le décret de 1852 employant le mot contrefaçon sans explication, comprend par suite dans sa prohibition tous les faits auxquels la jurisprudence reconnaissait ce caractère. « Le décret du 28 mars 1852, a dit la Cour de Paris, a eu pour but de donner aux nations étrangères l'exemple de la consécration la plus large de la propriété littéraire et artistique (1). »

La jurisprudence, en effet, a toujours déclaré qu'il y avait contrefaçon dans le fait de publier une traduction en langue étrangère d'un ouvrage français. Un arrêt de

(1) Dalloz, 1834, 2, 25.

la Cour de Rouen du 7 novembre 1845 déclare que traduire sans autorisation de l'auteur, c'est s'emparer de la chose d'autrui, « attendu que ce serait la plus irrationnelle des prétentions que de soutenir qu'il n'est porté aucune atteinte, notamment une atteinte de concurrence, à l'auteur d'un ouvrage écrit et publié en français, parce qu'on s'est borné à le traduire et à l'imprimer en langue étrangère. — Attendu que si cette traduction ne s'adresse, il est vrai, qu'à ceux qui ont l'usage de cette langue étrangère, il n'en est pas moins vrai qu'on s'adresse à une partie du public, qu'on espère trouver des lecteurs, des acheteurs; qu'on s'empare donc ainsi, quoique dans une proportion peu importante, de la chose d'autrui, ce qui est bien précisément contraire aux défenses de la loi, qui n'a fait et ne pouvait faire aucune distinction (1). » La même doctrine est exprimée dans un jugement du tribunal correctionnel de la Seine du 23 mars 1847, qui fut confirmé par un arrêt du 17 juillet suivant : « La traduction d'un livre en une autre langue reproduit nécessairement l'ouvrage original, puisque le traducteur en prend le titre, le sujet, les idées, les arrangements et les phrases, tout en un mot, excepté la langue, et qu'il est évident que ce qui constitue l'ouvrage, ce sont les idées, l'ordre dans lequel elles sont présentées et leurs développements, et non l'idiome dans lequel il est écrit ; que s'il est vrai que la traduction n'est pas destinée à la même partie du public que l'ouvrage original, il n'en est pas moins certain qu'elle enlève à l'auteur, sans l'assentiment duquel elle a lieu, une classe de lecteurs à laquelle il aurait pu

(1) Dalloz, 1846, 2, 212.

s'adresser et qu'elle le prive des bénéfices sur lesquels il pouvait légitimement compter, soit en traduisant son ouvrage, soit en cédant, moyennant rétribution, le droit de traduire; que la traduction ainsi faite sans la permission de l'auteur ou de son concessionnaire, est une reproduction dommageable pour lui de l'ouvrage dont il a la propriété exclusive (1). » Un arrêt du 26 janvier 1852 et l'arrêt de rejet du pourvoi formé contre cette décision du 12 janvier 1853, se rattachent à la même doctrine (2).

On prétend que si les conventions internationales s'occupent du droit de traduction, c'est pour remédier à l'insuffisance de la législation. Sans doute, le but des premières conventions était d'assurer aux étrangers une protection dont ils n'auraient pas joui sans elles. Mais depuis le décret de 1852, les conventions n'ont certainement plus la même importance, et en les comparant au décret de 1852, il est facile de voir qu'au lieu d'être extensives, elles sont la plupart du temps restrictives du droit commun. Depuis cette époque, en effet, les conventions ont moins pour but d'assurer la protection de la loi française aux ouvrages étrangers que celle des lois étrangères aux ouvrages français. Il y a une autre explication du texte des conventions. Nous le verrons dans un moment : lorsqu'une convention a été faite, c'est elle, ce n'est plus le décret de 1852, qui sert de loi dans les rapports que la propriété littéraire et artistique peut créer entre les Français et les nationaux du pays avec lequel

(1) *Droit*, 1847, 21 mars et 22 juillet.
(2) Dalloz, 1852, 2, 181, — 1853, 1, 110.

la France a traité. Dès lors, qu'y a-t-il de singulier à ce que les conventions s'occupent du droit de traduction? Puisqu'elles doivent être la loi des parties et se substituer au droit commun, il est naturel qu'elles soient complètes et qu'elles prévoient toutes les hypothèses. Quelle singulière législation ce serait si le droit commun permettait ce que défendent les conventions. Un Français pourrait traduire un autre Français et l'étranger aurait le droit de s'opposer à toute traduction de ses ouvrages par un Français comme par un étranger. L'étranger aurait en France plus de droits qu'un Français! cela est-il admissible à défaut d'un texte formel?

Ainsi les lois ne sont pas aussi désarmées qu'on voudrait le dire et toute traduction non autorisée est bien un fait délictueux. On ne saurait tirer du texte des conventions aucun argument contraire à cette opinion.

Est-il nécessaire pour affermir notre système de répondre à l'objection que l'on fait valoir en faveur de l'intérêt public? Cela pourrait nous entraîner trop loin. Qu'il nous suffise de dire que l'intérêt privé des auteurs est le plus sûr garant de l'intérêt public et qu'il nous paraît injuste de laisser la réputation des auteurs à la merci de traducteurs inhabiles.

Notre système, nous le reconnaissons, conduit à une singularité. Il a en effet pour résultat de protéger moins efficacement l'auteur qui appartient à un pays avec lequel la France a signé une convention littéraire, que celui dont le gouvernement n'a pas voulu conclure de traité avec la France. Ce système fait donc un avantage à la nation qui n'a pas voulu s'entendre avec nous pour

protéger la propriété intellectuelle et qui peut ne nous
avoir rien accordé en retour des avantages que le décret
de 1852 lui procure. En effet si ce décret s'étend à la
traduction, il la protège sans imposer de condition spéciale et au même titre que l'ouvrage original. Dans les
conventions au contraire on règle à part le droit de traduction qui ne peut être exercé que pendant un temps
assez court, cinq ans ordinairement, encore faut-il que
l'auteur exerce son droit de traduction dans un délai
fort bref en traduisant lui-même ou en faisant traduire,
Pour prendre un exemple, un Américain des États-Unis
a, en France, plus de droits qu'un Anglais ou un Belge.
On sait en effet que les États-Unis n'ont pas encore signé
de convention littéraire.

M. Duvergier reconnaît que le décret de 1852 s'étend
à la traduction, mais il se refuse à admettre la conséquence à laquelle conduit ce système. « Le gouvernement,
dit-il, a spontanément reconnu à toutes les nations le
droit de propriété en France, en y comprenant le droit
sur les traductions avec toute l'étendue possible. Il a
ensuite fait avec quelques puissances des traités auxquels
ces concessions n'ont pas peu contribué à les amener.
Dans le cours des négociations on a été frappé des inconvénients que peut avoir trop d'extension donné au droit
des auteurs sur la traduction de leurs œuvres et, d'un
commun accord, on a jugé sage de le réduire dans certaines proportions. Dès ce moment les relations internationales ont été modifiées. Pour les pays avec lesquels
ont été faits les traités, c'est évident; pour les autres,
cela est également vrai. Sans doute ces derniers ne sont

point engagés par des conventions auxquelles ils n'ont
point pris part. Mais ces conventions les ont avertis
que dans nos rapports avec les nations animées pour
nous des meilleurs sentiments, nous n'entendions
plus le droit de traduction comme nous l'avions entendu
à une autre époque (1). « Le droit des gens, dit l'auteur,
se forme d'autres éléments que de lois positives et for-
melles. Les publicistes font remarquer très justement
que dans la formation du droit des gens les traités ont
des effets de nature différente. Entre les contractants,
ils ont toute l'autorité d'une loi, ou plutôt toute la force
d'une convention, et, relativement aux autres pays, ils
peuvent être, ils sont souvent considérés comme l'expression tacite de leurs volontés, comme la règle raisonnable de leurs rapports (2). » Oui cela est vrai en l'absence de tout texte qui n'est pas la manifestation expresse
de la volonté. Mais il n'en est pas ainsi dans notre
matière, car nous devons tenir compte du décret de 1852.
Nous n'avons pas à interpréter la volonté du législateur,
qui s'est manifestée d'une façon précise. Il nous est
donc impossible d'admettre la conclusion que M. Duvergier formule en ces termes : « Je crois pouvoir dire
avec une entière certitude que pour les auteurs appartenant aux pays dont les rapports avec la France sont
réglés seulement par le décret de 1852, le droit d'empêcher les traductions est virtuellement subordonné
aux conditions et renfermé dans les limites qui sont expressément établies dans les traités avec les nations les

(1) Pataille, *Annales de la propriété industrielle*, 1860, p. 58.
(2) Pataille, *id.*, p. 59.

plus favorisées (1). » Cette thèse est de tous points insoutenable suivant l'expression de M. Renault. « Elle ne se soutiendrait en fait, dit cet auteur, que si les règles posées par le droit conventionnel étaient absolument concordantes; il n'en est rien, elles ne limitent pas toutes le droit de l'auteur, et celles qui le limitent ne le font pas de la même manière. Dès lors, à quelle convention faudra-t-il se rattacher. Où la France sera-t-elle considérée comme ayant manifesté sa pensée ? Il y a plus. La doctrine que nous combattons est une hérésie constitutionnelle. Le décret de 1852 rendu dans la période dictatoriale est une véritable loi, qu'un acte du pouvoir législatif était seul capable de modifier. Si l'empereur avait reçu le droit absolu de conclure des traités, il n'avait pas le même droit pour les lois. Ainsi donc quand une même pensée aurait inspiré toutes les dispositions des traités sur le droit de traduction, cette même pensée ne pourrait influer sur le décret de 1852. L'auteur du décret n'a vraisemblablement pas songé à la question sur laquelle cependant son intention aurait dû être appelée, puisqu'elle était formellement prévue dans le traité conclu avec la Grande-Bretagne quelques mois auparavant (2).

M. Pataille reconnaît également que le décret de 1852 interdit de traduire les ouvrages étrangers. Mais, pour lui, le décret ne peut avoir un effet rétroactif à l'égard des traductions : « Par cela même, dit-il, que la traduction exige un travail d'esprit, qu'elle constitue une œuvre,

(1) Pataille, *id.*, p. 61
(2) Renault, *Journal de droit international privé*, 1878, p. 135

sinon entièrement nouvelle, du moins distincte et ayant
une valeur personnelle, nous serions assez disposé à admettre que les auteurs ou propriétaires de traductions
publiées antérieurement au décret de 1852 en conservent
la pleine propriété et ont le droit de les réimprimer (1). »
On a fort bien répondu à M. Pataille : ou traduire n'est
pas contrefaire, et alors la traduction est licite depuis
le décret ; ou traduire, c'est contrefaire, et on ne peut
pas plus réimprimer une traduction antérieure qu'une
reproduction pure et simple, ainsi que nous allons le voir.

Dans une brochure publiée en 1879, M. Fliniaux pro-
pose une nouvelle solution à la question de savoir si le
décret interdit les traductions comme la reproduction de
l'œuvre originale. Il prétend qu'en l'absence de convention, les étrangers ne peuvent pas réclamer la protection du droit de traduction, si la loi de leur pays ne
protège pas ce droit. D'après M. Fliniaux, le décret se
réfère à la loi d'origine pour la nature et l'étendue des
droits qu'il concède. Notre réponse à ce système sera
comprise dans la solution que nous donnerons sur la
question de savoir dans quelle mesure il faut tenir compte,
pour l'application du décret de 1852, de la législation
du pays où l'œuvre a été publiée pour la première
fois.

§ V. — Des œuvres publiées à l'étranger antérieurement au décret

Il nous reste une question à examiner. Nous avons
vu à quelles œuvres le décret s'applique. Mais il serait

(1) Pataille, *Annales de la propriété industrielle*, 1856, p. 69.

intéressant de savoir si la protection s'étend à celles de ces œuvres qui ont été publiées à l'étranger antérieurement à sa promulgation, et qui, imprimées d'abord en France, appartiendraient encore au domaine privé de l'auteur? On a prétendu (1) que ces œuvres appartiennent au domaine public, parce que, sous la législation de 1793, ou plutôt du Code pénal, l'œuvre parue à l'étranger pouvait être reproduite en France par toute personne sans que l'auteur eût le moyen de revendiquer sa propriété. Or, comme les lois ne peuvent avoir d'effet rétractif, et faire revivre des droits éteints, il s'ensuit, disait-on, que le décret de 1852 ne peut faire sortir du domaine de tous des ouvrages qui lui appartiennent pour les rendre au domaine privé de l'auteur.

Telle n'est point notre manière de voir. Comment des réimpressions faites en France d'ouvrages publiés à l'étranger, sans que l'auteur y ait donné son consentement, et même contre son gré auraient-elles pu le dépouiller de la propriété de son œuvre ? Sans doute la loi et la jurisprudence antérieures au décret du 28 mars 1852 permettaient aux auteurs étrangers de jouir en France des mêmes avantages que les nationaux, en imprimant eux-mêmes ou en cédant à un autre le droit d'imprimer leurs ouvrages en France. Mais s'ils ne l'ont point fait, pourquoi présumer qu'ils ont de cette manière voulu abandonner leurs droits de propriété. La renonciation à un droit ne se présume pas facilement, et d'autre part bien des motifs peuvent expliquer pourquoi l'auteur étranger

(1) Calmels, *Id.*, p. 531.

a été détourné d'éditer lui-même ou de faire éditer son ouvrage en France.

Telle est aussi l'opinion de la jurisprudence. Le tribunal de la Seine déclarait, dans un jugement du 24 juillet 1853, que le décret du 28 mars 1852 a pour but de défendre contre les usurpations des contrefacteurs toutes les productions des auteurs en quelque lieu qu'elles aient vu le jour et que le décret peut s'appliquer non seulement aux œuvres littéraires qui paraîtront pour la première fois après sa promulgation, mais encore aux nouvelles éditions de celles qui auraient été publiées antérieurement, car le décret conçu en termes formels et absolus ne fait à ce sujet aucune distinction. Quant à l'auteur, le tribunal reconnaissait qu'il n'avait jamais renoncé à son droit de propriété et que s'il ne l'avait pas revendiqué devant les tribunaux, c'est que la législation alors existante ne lui en laissait pas la faculté. Il s'agissait dans cette circonstance des *Nouvelles Génevoises* de Topffer. Sur l'appel de ce jugement, la Cour de Paris confirmait la décision du tribunal par un arrêt dont voici quelques considérants : « Considérant que, sous la législation du décret du 28 mars 1852, on contestait aux auteurs étrangers le droit exclusif de vendre et d'éditer en France leurs ouvrages publiés en pays étranger ; — Que le décret du 28 mars 1852 a eu précisément pour but de leur conférer ce droit dans les limites concédées et sous les conditions imposées aux auteurs français, et de donner ainsi aux nations étrangères l'exemple de la consécration la plus large de la propriété littéraire et artistique ; — Que l'esprit et la généralité des termes de ce décret étendent le bénéfice de ces dispositions aux ouvrages publiés antérieurement à sa promulgation, alors même qu'ils auraient été réimprimés en France par des tiers avant cette dernière époque ; — Que cette interprétation ne porte atteinte à aucun droit acquis, et ne donne au décret aucun effet rétroactif; — Que le fait de réimpression en France de l'ouvrage d'un auteur étranger, en l'absence de tout droit pour celui-ci de s'y opposer n'impliquait point effectivement de sa part une renonciation à sa propriété; — Que la liberté de réimpression accordée à tous par la loi civile a seulement protégé les faits consommés sous son empire et conservé, comme conséquence nécessaire, aux tiers qui ont usé de cette liberté la faculté de vendre des exemplaires des éditions créées ou en cours d'exécution, lors de l'accomplissement par les auteurs étrangers, ou leurs cessionnaires, des conditions auxquelles est subordonnée l'application du décret précité (1) ».

On invoque contre notre opinion la non-rétroactivité des lois. Mais la loi n'attribuait pas aux libraires français la propriété des ouvrages étrangers, elle se contentait de ne pas punir les atteintes portées à cette propriété. Nous respectons le principe de non-rétroactivité en reconnaissant que le décret ne peut frapper les actes de reproductions antérieurs à sa promulgation. Mais nous affirmons que depuis le décret il faut déclarer illicite, sans craindre de mettre aucun principe en péril, toute reproduction d'ouvrages publiés à l'étranger qui seraient encore en France dans le domaine privé s'ils y avaient

(1) Dalloz, 1851, 2, 25.

d'abord été publiés, lorsque l'auteur ou ses représentants n'y ont pas donné leur consentement.

Le droit que les éditeurs conservent, malgré le changement de législation, sur les exemplaires qu'ils ont tirés en se conformant à la loi alors en vigueur a été mis en question dans des circonstances un peu différentes de celles qui résultent du décret de 1852. A la suite de l'annexion de la Belgique à la France deux arrêts furent rendus, l'un le 29 thermidor an XI, l'autre le 29 frimaire an XIV (1). Ces arrêts ne semblent pas tenir compte du changement que les événements politiques avaient amené dans la législation et par suite dans la situation des libraires. On ne rechercha pas si les actes de contrefaçon étaient antérieurs à l'annexion et s'ils avaient pu être faits légitimement sous l'empire de la loi qui régissait à ce moment la Belgique. On appliqua sans distinguer la loi de 1793 à tous les faits de contrefaçon. Les libraires belges s'en plaignirent, mais le Conseil d'État répondit seulement, dans un avis du 7 juillet, approuvé le 12 août 1807, qu'il n'y avait pas lieu de modifier aucune disposition de la loi et il laissait aux tribunaux chargés de son application le soin d'apprécier les circonstances particulières suivant lesquelles ils devaient se prononcer.

Après la réunion de la Hollande à la France, un décret du 29 décembre 1810, voulant concilier les droits qui étaient garantis par nos lois et décrets sur la propriété littéraire aux auteurs et à leurs ayants cause avec les intérêts des libraires et imprimeurs hollandais et empêcher

(1) Merlin, *Répertoire de jurisprudence : contrefaçon*, §§ 8 et 9.

que ceux-ci ne soient inquiétés pour les éditions qu'ils auraient publiées antérieurement à l'annexion, imposa l'obligation de faire estampiller dans un certain délai les éditions antérieures à une époque déterminée et qui ne pouvaient ainsi être considérées comme des contrefaçons. Mais les libraires ne conservaient pas sur les éditions estampillées un droit entier, car ils étaient tenus de payer aux auteurs ou propriétaires une redevance proportionnée à la vente qu'ils faisaient.

Quelques conventions internationales ont pris la précaution d'indiquer un moyen de reconnaître les éditions anciennes faites en contrefaçon, alors que la loi n'y voyait pas un délit. La première convention qui fut conclue avec la Sardaigne le 28 avril 1844 ne renferme aucun article sur les éditions contrefaites qui pouvaient exister dans l'un ou l'autre pays. Mais M. Vivien, le rapporteur du projet de loi qui sanctionna cette convention, prévoyant la question et y répondant, déclara que le principe général de non-rétroactivité des lois n'avait pas besoin d'être rappelé pour permettre aux éditeurs d'écouler les exemplaire qu'ils avaient publiés sous le couvert des lois, sans commettre une contravention. La plupart du temps ces dispositions sont prises dans des décrets rendus pour assurer l'exécution des conventions.

L'éditeur peut donc écouler tous les exemplaires qu'il a en magasin le jour où le droit de l'auteur est reconnu. Ce qui lui est désormais interdit c'est d'en tirer de nouveaux sans l'autorisation de l'auteur. Ce sont les éditions nouvelles qui sont interdites par le décret de 1852. Mais qu'est-ce qui constitue une édition nouvelle? C'est surtout

dans le cas où l'ouvrage s'obtient à l'aide d'un cliché
que la question présente quelques difficultés. « Mais,
comme le dit M. Vivien, qu'importe que l'on mette sous
presse ou des formes composées de caractères mobiles
ou des planches d'un seul bloc, le fait est le même (1). »
Le tirage constitue donc toujours l'édition nouvelle qui
ne peut être faite en contravention à la loi. C'est ce qu'a
jugé la Cour de Paris le 8 décembre 1853 (2). Cependant,
lorsqu'il s'agit d'œuvres musicales, on admet qu'une
édition n'est autre chose que l'épuisement par des tirages
successifs des planches d'étain sur lesquels elles sont
gravées. Pour ces œuvres, il ne peut donc y avoir délit
de contrefaçon que si on a, depuis le décret, fait graver
des planches nouvelles ou modifié les anciennes.

Ainsi les éditeurs, par le fait du décret de 1852, ont
perdu le droit de se servir des clichés d'ouvrages contrefaits parce qu'un tirage de ces clichés constituait une
édition nouvelle. Mais, dans l'opinion de M. Dalloz, « l'équité semble commander que l'éditeur possesseur de clichés
qui a agi de bonne foi dans l'origine, qui n'a fait la dé-
pense de ces clichés que dans l'espérance d'en tirer parti
plus tard, obtienne de l'auteur, dont les droits nouvelle-
ment reconnus ont frappé de stérilité cette propriété
entre ses mains, un juste dédommagement. On ne fait de
cliché qu'en vue de diminuer ses frais pour ne pas être
obligé de tirer de suite à un très grand nombre d'exemplaires un ouvrage dont le débit paraît certain. Si l'éditeur n'avait pas dû compter sur ses clichés, il aurait

(1) Rapport de M. Vivien, Calmels, *id.*, p. 529.
(2) Dalloz, 1854, 2, 25.

évidemment tiré à un plus grand nombre d'exemplaires
et fait ainsi un tort plus considérable à l'auteur. Envisa-
gés à ce point de vue, les clichés sont donc en quelque
façon une partie intégrante de l'édition publiée et s'ils
ne doivent plus servir à un tirage nouveau, il paraît
juste au moins que l'auteur soit contraint d'en rembour-
ser la valeur. Et notons que cette décision toute d'équité
ne sera pas moins favorable à ce dernier qu'à l'éditeur,
puisque ces clichés ont pour lui une valeur très réelle,
une valeur d'autant plus grande qu'ils lui procureront
dans les frais d'impression de son livre pour les éditions
ultérieures qu'il en voudra faire, une notable économie (1). » Nous croyons qu'il y a là une erreur. Il
nous paraît étrange que ce soit le malheureux auteur
auquel l'éditeur a cherché à faire tort qui soit tenu de
payer une indemnité au libraire dont les espérances mal-
honnêtes ont été trompées.

Sans doute, la loi ne défendait pas à l'éditeur d'imprimer les ouvrages parus à l'étranger, et sa situation peut
être dure. Mais, comme le fait remarquer M. Renault, si
l'éditeur éprouve un préjudice, c'est par le fait du législateur et non par celui de l'auteur.

Nous croyons devoir faire au décret de 1852, le reproche
de n'avoir pris aucune mesure pour sauvegarder les droits
acquis. Aucun estampillage n'est prescrit.

(1) Dalloz, 1854, 2, 23, note 3.

IIIᵉ SECTION

ÉTENDUE ET CONDITION DE LA PROTECTION

Le décret du 28 mars 1852 assimile les ouvrages étrangers aux ouvrages français et leur étend l'application du droit qui était jusque-là réservé à ces derniers. L'étude de ce droit ne rentre pas dans le plan de notre travail. Signalons, toutefois, une prohibition nouvelle qui est rendue nécessaire par l'innovation même que consacre le décret. L'article 2 prohibe l'exportation et l'expédition des ouvrages contrefaits. Puisque l'on voulait soustraire aux atteintes de la contrefaçon française les auteurs qui publient leurs ouvrages à l'étranger, il fallait en effet prévoir le cas où les exemplaires de l'ouvrage contrefait seraient non pas vendus, mais expédiés ou exportés. L'exportation et l'expédition sont à la contrefaçon française ce que l'introduction en France est à la contrefaçon étrangère. L'article 2 ne manque pas de les assimiler : « ...L'exportation et l'expédition de ces ouvrages sont un délit de la même espèce que l'introduction sur le territoire français d'ouvrages qui, après avoir été imprimés en France, ont été contrefaits chez l'étranger. »

La loi, qui ne fait aucune différence entre les ouvrages français et les ouvrages étrangers, quant à l'étendue de la protection, ne devait en faire aucune relativement aux conditions qu'elle met à l'accorder. « Une seule condition me paraît légitime, dit le ministre de la Justice dans l'exposé des motifs du décret, c'est que l'étranger soit assujetti, pour la conservation ultérieure de son droit, aux mêmes conditions que les nationaux. » De là, l'existence de l'article 4 du décret. « Néanmoins la poursuite ne sera admise que sous l'accomplissement des conditions exigées relativement aux ouvrages publiés en France, notamment par l'article 6 de la loi du 19 juillet 1793. » Ainsi l'auteur qui publie à l'étranger ne peut exercer ses droits en France que moyennant un dépôt de deux exemplaires, effectué conformément aux lois. Ce dépôt a le même caractère que pour les ouvrages français, il est seulement une condition de la poursuite et nullement de l'existence du droit. Aussi est-il permis d'agir même à raison des faits de contrefaçon antérieurs à l'époque où il a été accompli.

IVe SECTION

DE LA PORTÉE DU DÉCRET

Nous avons terminé l'étude du décret du 28 mars 1852. Il nous reste maintenant à en fixer la portée.

Le décret de 1852 adopte-t-il les ouvrages étrangers jusqu'à les assimiler de tous points aux ouvrages qui ont vu le jour sur le territoire français? Nous ne le pensons pas. Le décret protège bien les œuvres étrangères dans les limites que nous venons de fixer, mais ce n'est qu'autant qu'elles sont également protégées à l'étranger. En un mot, le décret ne crée pas de droits nouveaux, il se contente de sanctionner les droits existants. Il étend aussi aux œuvres étrangères les pénalités qui protègent les œuvres françaises. A ce point de vue seul il établit une assimilation. Mais il n'en est plus de même quand il s'agit de déterminer les règles et conditions de leur existence. La preuve en est dans l'expression « néanmoins » qu'emploie l'article 4 du décret à propos des conditions mises à la poursuite. Elle dénote en effet une dérogation, car si les publications étrangères étaient de tous points soumises à la loi française il eût été d'abord inutile d'exprimer qu'on les soumettait au dépôt, ou, si on avait voulu le faire, on eût plutôt employé le terme par « conséquent ». On aurait cherché à conclure et non à exprimer une exception. Il est remarquable que les conventions qui ont précédé le décret de 1852 semblaient traiter les étrangers conformément à la loi française. Le décret a donc rompu avec cette tradition qui était surtout le résultat d'une transaction entre des prétentions opposées. La loi n'avait pas seulement une injustice à réparer mais encore des intérêts à sauvegarder. Cela explique qu'elle n'ait pas cherché à effacer entièrement la différence qui séparait autrefois les ouvrages étrangers des ouvrages français. Elle a voulu qu'il y eût encore aujourd'hui intérêt à faire paraître un ouvrage plutôt en France qu'à l'étranger quand la législation étrangère est moins généreuse que la nôtre comme il y en a relativement aux représentations dramatiques. Ce n'était pas en effet sans raison que s'était établie l'ancienne distinction des ouvrages français et des ouvrage étrangers; elle avait pour but d'assurer la prospérité de notre librairie et d'attirer en France les auteurs étrangers pour y former un centre, un foyer intellectuel. Ces motifs sont trop puissants pour que le législateur n'ait pas toujours à en tenir compte.

Il est donc juste que le décret ne dispense pas de consulter la loi étrangère en ce qui touche l'existence des droits d'auteur. Mais faut-il aller jusqu'à dire que le décret ne contenant aucune restriction dans ses termes, la loi étrangère peut être appliquée sans restriction et qu'ainsi l'auteur étranger peut avoir droit en France à une protection plus grande que celle accordée par la loi française (1). Nous ne le pensons pas non plus.

Il n'est pas possible que la loi française se montre plus favorable pour les étrangers que pour les nationaux. Il n'est pas admissible que notre législation protège un titre qu'elle n'admet pas au profit des Français. Ainsi, pour mettre les choses à l'extrême, le caractère de perpétuité ne peut être reconnu au droit des auteurs étrangers, lorsque nos auteurs ne jouissent que d'un droit temporaire sur leurs œuvres. Il y aurait dans le système opposé quelque chose d'éminemment contraire à l'ordre public. La loi ne peut souffrir sur le territoire qu'elle régit l'application de mesures incompatibles avec ses dispositions.

Ce système trouve un appui dans la loi du 5 juillet 1844 sur les brevets d'invention. D'après l'article 20 l'étranger peut se faire breveter en France, mais la durée de ce brevet ne peut excéder celle des brevets antérieurement pris à l'étranger. Il faut donc consulter la loi étrangère pour s'assurer de l'existence du droit. Si un brevet est pris à l'étranger pour plus de quinze ans, le brevet

(1) Flinlaux, *Essai sur les droits des auteurs*, p. 8.

français ne peut dépasser ce temps. Il fut dit en effet dans la discussion de la loi que si un étranger peut obtenir un brevet en France, il ne le peut que dans les limites de la loi française.

Ainsi deux points sont à considérer: d'une part, les auteurs étrangers ne sont protégés en France que pendant l'existence de leurs droits à l'étranger. Le décret de 1852 n'assimile pas, en effet, les auteurs étrangers aux auteurs français. Il ne dit pas, comme la loi de 1819 le fait pour les successions, que les auteurs étrangers jouiront en France des mêmes droits que les Français (1). Il donne seulement aux étrangers la faculté de se plaindre des atteintes portées à leurs droits, ce qui suppose qu'ils doivent justifier de l'existence de ces droits. « Le but essentiel du législateur, dit M. Renault, a été d'écarter ce qu'on peut appeler l'exception d'extranéité : on ne pourra repousser l'accusation de contrefaçon en se bornant à alléguer qu'il s'agit d'une œuvre publiée à l'étranger. Mais le législateur n'a pas voulu faire respecter en France un droit qui n'existerait même pas à l'étranger (2). » D'autre part il est inadmissible que les étrangers soient mieux traités en France que les auteurs français eux-mêmes. « La publication faite à l'étranger... ne peut exercer sur le sol français les immunités de sa loi de naissance que dans la mesure où elles sont compatibles avec notre loi (3). »

Ainsi, relativement à la durée des droits d'auteur, l'ap-

(1) Palaille, *Annales de la propriété industrielle*, 1856, p. 70.
(2) Renault, *Journal de droit international privé*, 1878, p. 138.
(3) Berlauld, *Questions du Code Napoléon*, I, p. 107

plication des principes que nous venons d'admettre nous conduit à cette conséquence : de la législation française ou de la législation étrangère, il faut appliquer en France à l'auteur étranger celle qui accorde aux droits d'auteur la moins longue durée.

La loi française et la loi étrangère, l'une et l'autre, doivent donc être consultées pour l'application du décret du 28 mars 1852.

Voilà donc quel est actuellement le droit commun. Il trouve son application dans tous les cas où une convention internationale n'y a pas dérogé, comme nous verrons qu'elles peuvent le faire, ou lorsque la convention qui existait a cessé d'être en vigueur.

Son utilité aujourd'hui est assez restreinte, car, ainsi que nous allons l'exposer, nous avons des traités avec presque toutes les nations civilisées.

Il est donc important d'étudier ce droit conventionnel qui s'est substitué au décret.

CHAPITRE V

Ire SECTION

DES PAYS AVEC LESQUELS NOUS AVONS DES CONVENTIONS

En ne soumettant plus la protection qu'elle accorde aux auteurs et aux artistes étrangers à aucune condition de réciprocité, la France a pris en 1852 une initiative qui intéressa l'honneur des gouvernements étrangers. Cependant tout en rendant hommage au décret de 1852, la plupart n'osèrent pas prendre une mesure semblable. Le décret de 1852, qui accorde en France, sans condition de réciprocité, la même protection aux étrangers qu'aux nationaux, n'a été imité que par le Chili et par la république de Vénézuela. Mais depuis 1852 la France a signé avec les puissances étrangères un nombre de traités fort considérable.

Avant 1852, la France n'avait signé que quatre conventions : la plus ancienne, avec la Sardaigne, remontait à 1843. De 1852 à 1856, vingt traités ont été conclus; de 1857 à 1861, le mouvement est un peu ralenti : outre une convention supplémentaire à l'un des traités conclus précédemment, il n'est signé que sept traités. En 1865 la diplomatie a déployé une grande activité; vingt-six traités ont été signés du 4 mars au 16 décembre. Quatre ont été conclus en 1866-1867. En 1869 il n'y a qu'un traité et une convention modificative d'un traité précédent.

Il faut ensuite aller jusqu'en 1874, pour ne rencontrer encore qu'une convention additionnelle à un traité antérieur. En 1880 deux traités ont été conclus. Enfin dans chacune des années 1881, 1882 et 1883, il a été signé une convention relative à la propriété littéraire et artistique.

Aujourd'hui les intérêts de nos auteurs et de nos artistes sont sauvegardés dans presque tous les États de l'Europe et dans quelques États de l'Amérique.

Voici dans leur ordre chronologique les principales conventions qui sont aujourd'hui en vigueur et que nous nous proposons d'analyser.

Une convention a été conclue le :

3 novembre 1851, avec la Grande-Bretagne, 11 août 1875, convention modificative ;

20 mars 1855, avec les Pays-Bas ; 27 avril 1860, arrangement supplémentaire ;

6 avril 1861, avec la Russie ;

20 juin 1862, avec l'Italie ;

10 décembre 1865, avec le Luxembourg ;

11 juillet 1866, avec le Portugal ;

11 décembre 1866, avec l'Autriche ;

9 juin 1880, avec le Salvador ;

16 juin 1880, avec l'Espagne ;

31 octobre 1881, avec la Belgique ;

23 février 1882, avec la Suisse;

19 avril 1883, avec l'Allemagne.

Le décret de 1852 a donc donné naissance à un grand nombre de conventions. Mais il a eu encore un autre résultat. Nos auteurs et nos artistes ne sont pas seulement protégés par des conventions. Il y a des pays qui n'ont pas conclu de convention littéraire avec la France. Mais grâce au décret de 1852, les auteurs et les artistes français se trouvent protégés par les lois de ces pays qui admettent le principe de la réciprocité. Il en a été ainsi en Autriche jusqu'en 1866. La loi autrichienne du 10 octobre 1846 garantit la propriété des auteurs étrangers dans la même mesure que la propriété des auteurs autrichiens est garantie en pays étranger. Aujourd'hui nous avons une convention littéraire avec l'Autriche.

Il en est encore ainsi en Grèce, dont le Code pénal, qui date de 1833, applique aux étrangers, dans l'article 433, les règles sur la contrefaçon, si l'État auquel appartient cet étranger garantit aux sujets grecs un semblable droit. Toutefois les artistes français sont assujettis à l'obtention d'un privilège.

La même règle est pratiquée en Norvège. Une loi du 8 juin 1876 sur la protection du droit vulgairement nommé propriété littéraire, proclame ce principe dans son article 46 : « En outre, et à condition de réciprocité, les dispositions de la présente loi peuvent être en tout ou en partie étendues à des ouvrages appartenant à d'autres pays, lorsque ces ouvrages sont protégés par les lois de ces pays. » Il y a mieux pour la France. Un article additionnel au traité de commerce conclu à Paris le 30 décembre 1881, entre la France et les royaumes unis de Suède et Norvège, substitue à la réciprocité le régime national : « Les hautes parties contractantes, dit cet article, conviennent que, en attendant la conclusion d'une convention spéciale, les ressortissants de chacun des pays respectifs jouiront dans l'autre du traitement national en ce qui concerne la propriété littéraire, artistique et industrielle. » Ceci est surtout avantageux à l'égard du droit de représentation.

Le principe de la réciprocité est depuis longtemps admis en Danemark. Une ordonnance de 1741 reconnaissait implicitement le droit des auteurs étrangers. Mais ce principe rappelé dans une loi du 7 mai 1828 et dans l'article 23 d'une loi du 29 décembre 1857, relative aux contrefaçons, ainsi conçu : « Les dispositions de la présente loi pourront être rendues applicables, en totalité ou en partie, aux ouvrages publiés en pays étranger par des ordonnances royales, basées sur le principe de la réciprocité, » ce principe, disons-nous, se trouve diminué dans son effet. La réciprocité n'a plus lieu de plein droit. Le roi est juge de l'opportunité qu'il peut y avoir à étendre aux étrangers le bénéfice de la loi. Conformément à cet article une ordonnance royale du 6 novembre 1858 a fait l'application aux Français de la loi du 29 décembre 1857.

La loi de 1857 était spéciale aux œuvres littéraires, une loi de 1864 fut consacrée aux œuvres artistiques, et une loi de 1866 compléta les lois de 1857 et 1864. Il était encore nécessaire qu'une ordonnance royale étendît aux œuvres littéraires et artistiques, appartenant aux

Français les garanties stipulées par les lois du 31 mars 1864 et du 23 février 1866, c'est ce que fit l'ordonnance du 5 mai 1866.

C'est le même principe qui est appliqué par les lois suédoises. Une loi promulguée en 1844, lors de la réforme de la constitution suédoise, accordait la protection de la loi contre les contrefacteurs aux auteurs étrangers dont les pays donneraient les mêmes avantages aux auteurs suédois. Il semblait résulter de cette loi que le principe de réciprocité était absolu et s'appliquait de plein droit. Cependant une loi du 3 mai 1867, à l'exemple des lois danoises, exige dans son article 8 une déclaration spéciale du roi : « Les dispositions de la présente loi, dit cet article 8, peuvent, à condition de réciprocité, être déclarées par le roi applicables en tout ou en partie aux œuvres d'artistes étrangers produites hors du royaume. » Nous avons vu qu'en ce qui conce   l France, une convention spéciale, l'article additi   au traité de commerce conclu à Paris le 30 décembre 1881 entre la France et les royaumes unis de Suède et Norvège, fait aux ressortissants de chacun des deux États dans l'autre, l'application des lois nationales en ce qui concerne la propriété littéraire, artistique et industrielle.

Le principe de réciprocité est également admis au Mexique.

Ainsi, nous n'avons pas de convention avec le Danemark, la Grèce et le Mexique. Nos auteurs trouvent cependant protection dans ces États depuis la promulgation du décret de 1852, grâce au principe de la réciprocité qu'ils ont formulé dans leurs lois.

Avant 1852, les États étrangers s'étaient préoccupés d'assurer à leurs nationaux l'exercice des droits d'auteur hors de leurs pays (1).

Mais c'est encore l'honneur du décret de 1852 d'avoir eu sur les États étrangers assez d'influence pour hâter entre eux la conclusion de nombreuses conventions relatives à la protection hors de leur pays des droits des auteurs et des artistes (2).

Aujourd'hui, la protection de leurs droits est assurée aux auteurs et aux artistes dans presque tous les États civilisés où se manifeste une vie intellectuelle propre, soit par des traités, soit par les lois, en vertu du principe de réciprocité.

En Europe, il n'y a plus que la Turquie où le droit des auteurs étrangers ne trouve aucune protection. Mais, d'après M. Renault, cela n'a pas de grandes conséquences, à raison du peu de développement de l'instruction dans ce pays.

En Amérique, un grand pays, les États-Unis, résistent encore à conclure des traités pour la protection des œuvres littéraires et artistiques étrangères ; le bénéfice de la loi américaine ne s'étend qu'aux auteurs étrangers qui résident sur le territoire des États. Mais les ouvrages des étrangers non résidants sont considérés comme étant dans le domaine public, où chacun peut les prendre pour les reproduire. Cette règle est formulée par l'article 103 de l'acte du 8 juillet 1870, relatif au droit de copie, qui repr   isait la disposition de la loi de 1834: « La pré-

(1) *Archives diplomatiques*, 1862, II, p. 185.
(2) Renault, *Journal de droit international privé*, 1878.

sente loi ne pourra être interprétée de manière à faire défense d'imprimer, de publier, d'importer ou de vendre un livre, une carte de géographie, un plan, une composition dramatique ou musicale, une estampe, une gravure quelconque, une photographie, ou en général un ouvrage dont l'auteur ne serait ni citoyen ni habitant des États-Unis. »

Des tentatives ont été faites pour amener les États-Unis à signer des conventions littéraires. Dès 1843 un comité se constituait à New-York pour provoquer des lois propres à « placer les relations des États-Unis avec les puissances étrangères, quant aux droits d'auteur, dans des conditions justes, convenables, équitables. » Des propositions de lois furent faites. Un traité fut même signé avec la Grande-Bretagne, qui est de tous les pays celui qui a le plus d'intérêts aux États-Unis et qui ressent le plus vivement les désastreux effets de la contrefaçon américaine. Rien n'aboutit. La commission que le gouvernement anglais avait chargée en 1875 de procéder à une enquête sur la propriété littéraire, a mis à découvert l'influence néfaste à laquelle est due cette malheureuse résistance.

Abordant la question de la propriété littéraire internationale dans ses rapports avec la question américaine, elle fait remarquer que, tandis que les auteurs américains reconnaissent unanimement les avantages d'un traité international entre les États-Unis et l'Angleterre, pour la protection de la propriété littéraire, les éditeurs et les imprimeurs américains font la plus vive opposition à la conclusion d'un semblable traité. Ils craignent que les auteurs anglais ne fassent éditer leurs ouvrages en Angleterre, où il paraîtrait qu'un volume coûte actuellement moins cher à établir qu'aux États-Unis. Les éditeurs américains redoutent, par suite, la concurrence des éditeurs anglais et c'est à cette crainte qu'il faut faire remonter l'inaction du gouvernement.

Les éditeurs américains s'efforcent de donner à leur résistance une apparence acceptable en prétendant que si la législation était changée, le prix du livre étranger augmenterait nécessairement de valeur au détriment du peuple qui se trouverait atteint dans ses moyens d'instruction. Un économiste américain, ancien libraire, H.-C. Carey, disait à ce sujet : « Si nous ne pouvons dire rien de mieux que ceci, — que si nous accédons aux prétentions des écrivains étrangers, le prix des livres étrangers augmentera et le peuple sera privé de son approvisionnement de bonne littérature, — alors nous ne pouvons que nous reconnaître coupables de vol, et nous devons entrer dans une voie nouvelle plus honorable. On ne peut faire rien de mal pour qu'il en sorte du bien, et nous pouvons tout aussi peu voler les pensées d'un écrivain pour que notre peuple en soit mieux instruit. » Aussi H.-C. Carey, pour être logique, niait-il le droit de propriété littéraire d'une manière absolue, n'accordant au plus à l'auteur qu'une récompense (1).

Les auteurs anglais ne sont pas les seuls à souffrir de la contrefaçon américaine. Les auteurs de tous les pays sont plus ou moins atteints par les reproductions illicites que les éditeurs des États-Unis font de leurs ou-

(1) Paillottet, *Propriété intellectuelle*, p. 304.

vrages. Toutefois, depuis plusieurs années, il semble plus avantageux d'introduire certains ouvrages que de les éditer en Amérique. Ainsi, de 1870 à 1877, on a importé d'Allemagne en Amérique des livres pour 5,530,552 dollars. La même observation est à faire pou la littérature anglaise, car dans cette même période l'importation d'Angleterre en Amérique s'est élevée à 10,111,100 dollars, et pourtant l'importation de livres imprimés en Angleterre est frappée aux États-Unis de droits fort élevés.

Dans la pratique, la rigueur de la loi américaine se trouve un peu atténuée à l'égard des auteurs anglais (1). La règle qui fait tomber dans le domaine public les ouvrages des auteurs qui ne résident pas aux États-Unis avait pour conséquence de permettre à tous les éditeurs américains d'imprimer le même ouvrage anglais. Cet état de choses avait des résultats désastreux. La concurrence était devenue impossible ou très difficile, car elle empêchait les éditeurs de rentrer même dans leurs frais. Aussi pour prévenir de semblables éventualités, les éditeurs américains ont fait entre eux une convention en vertu de laquelle celui qui a le premier fait la publication en Amérique d'un ouvrage anglais, peut empêcher les autres éditeurs de le reproduire. L'un des moyens les plus en usage pour obtenir cette priorité consiste dans un arrangement en vertu duquel l'auteur envoie au fur et à mesure de leur impression les feuilles de son ouvrage en Amérique où elles sont aussitôt réimprimées.

(1) Lyon-Caen, *Bulletin de la Société de législation comparée*, 1881, p. 250.

Les auteurs anglais sont ainsi arrivés à toucher des sommes importantes pour la réimpression de leurs œuvres en Amérique. Une maison américaine à payé 25,000 fr. les premières feuilles du dernier ouvrage de Livingstone.

La situation faite en Amérique aux auteurs anglais est d'autant plus dure qu'il n'y a pas réciprocité. Les auteurs américains peuvent beaucoup plus facilement invoquer la loi anglaise que les auteurs anglais ne peuvent se prévaloir de la loi américaine. Cela tient à cette circonstance que pour obtenir la protection de la loi anglaise, il suffit à l'auteur étranger de faire paraître son ouvrage en Angleterre, tandis qu'en Amérique l'auteur étranger n'a droit à la protection de la loi qu'autant qu'il réside sur le sol des États-Unis. Il est facile de faire publier dans un pays plutôt que dans un autre. On cite un romancier et un historien, Hawtorne et Motley qui ont profité de cette facilité. Comme Américains, ils étaient protégés sur le sol des États-Unis, ils le furent également en Angleterre pour y avoir fait paraître leurs ouvrages.

L'appauvrissement de la littérature américaine est la conséquence la plus remarquable de ce système de législation soi-disant libéral, qui permet de reproduire les ouvrages étrangers sans avoir à payer de droits aux auteurs. Les éditeurs américains préfèrent naturellement imprimer des ouvrages dont les bénéfices sont assurés, puisqu'ils ont supporté à l'étranger l'épreuve de la publicité, et pour lesquels il n'y a rien à partager avec les auteurs. Aussi les écrivains américains ne trouvent pas d'éditeur, ou lorsqu'ils en rencontrent un, la

plupart du temps ils n'obtiennent de lui qu'une rémunération dérisoire.

La législation des États-Unis est donc, au point de vue
de la protection que mérite la propriété littéraire, fort
en retard sur celle de la plupart des peuples de l'Europe.
Les jurisconsultes américains ont cherché à combler les
vides de la loi et à pallier ses imperfections. En 1876,
une exposition universelle fut ouverte à Philadelphie.
Les exposants étrangers, justement inquiets des dispositions de la loi américaine, demandèrent une consulta-
tion à MM. Coudert frères, avocats à New-York, sur ce
qu'il y aurait à faire pour sauvegarder leurs intérêts.

Ces jurisconsultes conseillent aux étrangers de faire
passer leurs droits sur la tête d'un citoyen ou même
d'un résident américain. Mais qui est résident? là est une
première difficulté. Ensuite, le transfert même fait à un
citoyen américain serait-il bien efficace. MM. Coudert en
doutent eux-mêmes, car l'article 103 de la loi américaine
ne considère pas qu'il y ait contrefaçon à reproduire des
écrits, gravures, etc., composés ou faits par une personne non citoyen des États-Unis, ou n'y résidant pas.
Ils citent cependant dans l'énumération de cet article
certains oublis qui échappent, selon eux, aux tolérances
de la loi. Ainsi l'article 103 ne parle pas des représentations dramatiques ou musicales ; il ne dit rien non
plus des peintures, dessins, chromos, statues, sculp-
tures, etc. : il y a là des droits dont l'auteur peut se faire
attribuer le bénéfice exclusif en s'appuyant sur l'article 100 qui dispose que tout citoyen des États-Unis ou
individu y domicilié, qui sera inventeur ou seulement

propriétaire..., aura seul la liberté d'imprimer, publier, etc. ; ces excep!'ons sont assez arbitraires et ne servent qu'à faire mieux sentir l'injustice de la législation américaine.

On a essayé, sinon de justifier, du moins d'excuser le législateur américain. Il a pensé qu'un peuple jeune, qui avait devant lui un continent tout entier à défricher, serait forcément retardé dans son développement intellectuel et artistique par une préoccupation presque exclusive pour les travaux matériels. Ce qu'il ne pouvait pas se donner à lui-même, il l'a pris à l'ancien continent. « Fils de l'ancien monde, dit un Américain, le nouveau s'est arrogé le droit de prendre gratis sa part des lumières produites par dix-neuf siècles de civilisation (1). »

Cette excuse n'est plus acceptable aujourd'hui que la littérature américaine occupe un rang respectable dans le monde des lettres, et il serait temps que les États-Unis entrassent dans la voie des négociations. Ils ont soumis récemment au gouvernement anglais un projet de traité qui, nous l'espérons, se transformera en traité définitif (2). Le jour où ils auront conclu un premier traité, les États-Unis seront cessairement amenés à en conclure d'autres. Espérons donc que la France ne tardera pas à signer avec les États-Unis une convention relative à la propriété littéraire et artistique.

(1) Note communiquée au congrès littéraire international de 1878, *Comptes rendus*, p. 618.

(2) Lyon-Caen, *Bulletin de la Société de législation comparée*, 1881, p. 250.

IIᵉ SECTION

LES CONVENTIONS ABROGENT LE DÉCRET DE 1852

Avant d'aborder l'interprétation des conventions littéraires et artistiques conclues par la France, nous devons nous demander quelle en est la portée en présence du droit commun qui résulte du décret de 1852.

Les conventions ont-elles abrogé le décret de 1852 pour les nations qui ont conclu des traités avec la France ? Ou bien l'étranger dont le gouvernement a conclu avec elle une convention, peut-il invoquer à son choix cette convention ou le décret ? Les traités internationaux, dans leur esprit et dans leurs termes, sont quelquefois plus larges, mais la plupart du temps beaucoup moins généreux que le décret de 1852, soit quant à l'étendue de la protection, soit quant aux conditions auxquelles ils l'accordent.

Suivant les circonstances, il pourrait donc être préférable d'invoquer tantôt le décret, tantôt la convention. Nous croyons que les conventions doivent seules régler les rapports que les étrangers peuvent avoir avec la France et que ce n'est qu'en l'absence du traité que le décret de 1852 retrouve son application. Ce système, nous le reconnaissons, conduit à une conséquence dont nous avons déjà signalé l'étrangeté. Les Etats qui n'ont pas traité avec la France, étant alors soumis à l'empire du droit commun, c'est-à-dire au décret de 1852, sans rien nous accorder chez eux, peuvent avoir chez nous plus de droits que n'en ont généralement les États qui

ont traité avec notre gouvernement. M. Duvergier se refuse à admettre cette anomalie. Nous avons rencontré
son système à propos du droit de traduction. Il cherche
à démontrer que les traités ne sont pas seulement de véritables lois pour les parties contractantes, mais qu'ils
sont encore pour les autres nations l'expression tacite
de leur volonté, la règle raisonnable de leurs rapports.
Selon nous, la volonté du législateur dans notre matière
n'a pas besoin d'interprétation ; elle est claire, évidente ;
elle s'est manifestée dans le décret de 1852. Si les conventions particulières rendent la loi générale inapplicable, en l'absence de convention, la loi générale doit
produire son effet, autrement dans quelles circonstances
cette loi trouverait-elle son application ? Nous ne pouvons donc nous ranger à l'avis de M. Duvergier. Sans
doute, le résultat auquel nous arrivons peut être cho-
quant, mais aucune explication de ce fait n'est possible
ou plutôt on ne peut la trouver que dans un oubli de
nos diplomates. Nous avons crié au monde entier, comme
le dit M. Pouillet, que nous n'attendions pas de réciprocité pour faire un acte de justice, et nous avons mis
l'étranger sur le même pied que le national ; pourquoi,
ensuite, dans les traités que nous avons conclus, avoir
oublié ce principe ? pourquoi avoir conclu des conventions en désaccord avec la loi ? « Qu'est-ce qu'il en coû-
tait à nos diplomates, tout en n'obtenant pour les Français que des droits moindres que ceux que nous accor-
dons aux autres nations chez nous, de reconnaître le fait
dans ce traité, de déclarer hautement que nous concé-
dions des droits plus étendus, et de mettre en pleine

lumière notre générosité (1)? » C'était la voie qu'il fallait suivre, et c'est pour l'avoir abandonnée que nous sommes obligés de signaler la singulière conséquence à laquelle l'application des conventions nous conduit.

Mais, dira-t-on, il n'y a qu'une loi qui puisse modifier ou abroger une autre loi. L'étranger ne pourra-t-il pas toujours invoquer le décret et méconnaître la convention qui ne peut lui faire échec? Nous allons le démontrer. Les conventions doivent être considérées comme de véritables lois. Antérieurement au décret, sous le règne de Louis-Philippe, elles ont toutes été soumises au pouvoir législatif. M. Renault prétend que sous le second empire, le pouvoir législatif n'est jamais intervenu relativement aux conventions littéraires. Il y a là une erreur si nous nous en rapportons au témoignage de M. Laboulaye. Dans son rapport au nom de la Commission des lois constitutionnelles, chargée d'examiner le projet de loi organique sur les rapports des pouvoirs publics, il disait formellement devant l'Assemblée nationale que « les chambres de l'empire ont voté, à diverses reprises, des traités relatifs à la propriété littéraire et à la propriété industrielle. » Quoi qu'il en soit, l'empereur avait, en vertu de l'article 6 de la Constitution de 1852, le droit de conclure les traités: « Article 6. Le président de la République est le chef de l'État ; il commande les forces de terre et de mer, déclare la guerre, fait les traités de paix, d'alliance et de commerce. » Cet article est reproduit des chartes de 1814 et de 1830. Mais il ne faut pas

(1) Pouillet, *Traité théorique et pratique de la propriété littéraire et artistique*, p. 652.

oublier que la Constitution de 1852 était un retour aux idées politiques de Napoléon I". Or l'article 58 du sénatus-consulte organique du 16 thermidor an X, est ainsi conçu : « Le premier consul ratifie les traités de paix et d'alliance, après avoir pris l'avis du conseil privé : avant de les promulguer, il en donne connaissance au sénat. » Le premier empire avait naturellement reçu du consulat cette prérogative qui affranchissait le pouvoir exécutif de la tutelle du pouvoir législatif. Le second empire la recueillit à son tour, comme le prouve le sénatus-consulte du 25 décembre 1852. Le pouvoir souverain du chef de l'État, relativement aux traités, avait été contesté en 1826 à propos d'un traité de navigation, signé avec l'Angleterre, déclaré exécutoire par une simple ordonnance. Le sénatus-consulte du 25 décembre 1852 décida expressément que « les traités de commerce faits en vertu de l'article 6 de la Constitution ont force de loi pour les modifications de tarifs qui y sont stipulées. » Les traités de commerce étaient les seuls à l'occasion desquels le pouvoir du chef de l'État avait été contesté, on déclarait que désormais ces traités avaient force de loi, il faut en conclure que, sous l'empire, tous les traités conclus par l'empereur étaient des lois, lors même que le pouvoir législatif n'était pas intervenu. La Cour de cassation a toujours reconnu la validité des traités qui ont été conclus par Napoléon III en vertu de ses pouvoirs constitutionnels, si excessifs qu'ils aient été. Aujourd'hui, la Constitution du 16 juillet 1875 oblige de soumettre les conventions littéraires à la sanction des chambres : « Article 8. Les traités de commerce, les traités qui engagent les finances de l'État, ceux qui sont relatifs à l'état des personnes et au droit de propriété des Français à l'étranger, ne sont définitifs qu'après avoir été votés dans les deux chambres. » De fait, toutes les conventions littéraires actuellement en vigueur qui ont été conclues depuis le 1ᵉʳ janvier 1876, date de la mise à exécution de la Constitution nouvelle, ont toutes reçu l'approbation des deux chambres. Mais antérieurement à cette époque, le 11 août 1875, une déclaration a été signée à Londres entre la France et l'Angleterre pour la protection légale de la propriété des ouvrages dramatiques. Cette convention modifie le paragraphe 3 de l'article 4 de la convention du 3 novembre 1851. Mais elle n'a pas reçu l'approbation de l'Assemblée nationale, qui était la seule autorité qui pût alors conclure des conventions. Le président de la République n'était que son délégué, dépourvu de pleins pouvoirs, et ne possédant à aucun titre la prérogative souveraine de ratifier des traités. L'Assemblée nationale n'a remis qu'une seule fois cet attribut souverain entre les mains de son délégué. Elle a autorisé le président de la République, par une loi du 16 septembre 1871, à conclure une convention spéciale avec l'Allemagne. Le soin qu'elle a mis à délimiter la portée de cette délégation, est bien une preuve que le président de la République n'avait alors aucun pouvoir reconnu pour conclure seul des conventions. Il en résulte donc que la déclaration du 11 août 1875 est sans force, et qu'elle doit être réputée inexistante.

Ainsi, à part cette déclaration du 11 août 1875, toutes les conventions littéraires ont la valeur de véritables lois :

elles ont donc pu amoindrir ou étendre la protection accordée par le décret de 1852. Par suite les étrangers dont les gouvernements ont traité avec la France, dans notre opinion ne peuvent invoquer d'autre texte que les conventions, sans qu'il leur soit possible de se retrancher derrière le décret qui à leur égard est abrogé. Le décret n'a de valeur qu'en l'absence de convention ou lorsque la convention n'a pas été approuvée par les pouvoirs compétents. La convention est alors sans effet à l'égard de toutes les parties. Comment pourrait-elle être nulle sur le territoire et valable à l'extérieur? N'est-il pas de principe que la condition résolutoire est sous-entendue dans tous les contrats pour le cas où l'une des parties ne satisfait pas à ses engagements? Aussi nous ne comprenons pas qu'un Français puisse invoquer en Angleterre la déclaration du 11 août 1875 relative aux adaptations dramatiques, alors qu'un Anglais ne pourrait s'en prévaloir en France.

IIIᵉ SECTION

ÉTUDE DES CONVENTIONS

Nous nous propposons de réunir sous les titres suivants les dispositions diverses qui sont contenues dans les principales conventions que la France a conclues.

§ Iᵉʳ. — De la protection.

1° Des œuvres protégées et des œuvres dépourvues de protection.

2° Les traités étendent-ils leur protection aux œuvres parues antérieurement à leur promulgation?

3° Des faits réprimés.

4° Textes à consulter pour interpréter les conventions.

5° De la durée du droit.

6° Résolution du congrès littéraire internationnal de 1878.

§ 2ᵉ. — Conditions de la protection;

§ 3ᵉ. — Du droit de traduction.

1° Publication.

2° Représentation.

§ 4ᵉ. — Disposition diverses.

Les conventions sont stipulées en faveur des auteurs qui publient dans l'un des pays entre lesquels elles interviennent. Toutefois notre convention avec le Salvador ne s'applique qu'aux Français et aux citoyens du Salvador. Les bénéfices accordés aux auteurs sont expressément étendus à leurs mandataires légaux ou ayants cause par un article spécial qui se retrouve dans toutes les conventions.

§ Iᵉʳ . — De la protection

1ᵉ — Des œuvres protégées et des œuvres dépourvues de protection.

La protection accordée par les conventions internationales s'étend à toutes les productions du domaine littéraire, scientifique et artistique. L'énumération que les traités nous donnent des œuvres auxquelles ils s'appliquent n'a donc rien de limitatif. Elle n'est limitée du moins que par l'étendue même que chaque partie contractante, reconnaît au domaine qui nous occupe. Mais l'énumération que nous rencontrons dans les conventions présente l'avantage de faire savoir si telles œuvres, sur lesquelles il pourrait y avoir contestation en principe, sont comptées par les parties en présence au nombre des œuvres littéraires, scientifiques ou artistiques. C'est ainsi que les dernières conventions que nous avons conclues, pour couper court à toute fausse interprétation, sont aussi explicites que possible et que plusieurs parlent des photographies, de l'architecture, etc.

Ainsi, relativement aux photographies, la jurisprudence attribue aux tribunaux un pouvoir discrétionnaire pour déterminer suivant les espèces si on est ou non en présence d'une œuvre d'art. Ce système est inadmissible lorsqu'il s'agit d'appliquer les conventions qui rangent les œuvres photographiques au nombre des œuvres artistiques. Les conventions littéraires et artistiques internationales sont en effet de véritables lois, des lois spéciales, qui peuvent déroger à une loi générale. Nous n'avons pas encore de loi générale, relative aux photographies. Mais la pensée du législateur s'est manifestée ici, et il nous semble que dans tous les cas les tribunaux devraient en tenir compte. Quoi qu'il en soit, si plus tard dans une loi générale le législateur exprime une opinion inverse, cette loi ne saurait avoir d'effet pour modifier les conventions qui se sont exprimées sur le compte des photographies, et les tribunaux ne pourront se refuser à mieux traiter les étrangers que les nationaux qu'autant

que les conventions auront été renouvelées et corri-
gées.

Citons comme exemple de la manière dont s'expriment
les conventions, l'article 1er de la convention que nous
avons conclue le 31 octobre 1881 avec la Belgique : « Les
auteurs de livres, brochures ou autres écrits, d'ouvrages
dramatiques, de compositions musicales, d'œuvres de
dessin ou d'illustration de peinture, de sculpture, de
gravure, de lithographie, de photographie et de toutes
autres productions analogues du domaine littéraire ou
artistique, jouiront dans chacun des deux États, réciproquement, des avantages qui y sont ou y seront at-
tribués par la loi à la propriété des ouvrages de littérature
ou d'art, et ils auront la même protection et le même
recours légal contre toute atteinte portée à leurs droits,
que si cette atteinte avait été commise à l'égard d'auteurs d'ouvrages publiés pour la première fois dans le
pays même. — Toutefois ces avantages ne leur seront
réciproquement assurés que pendant l'existence de leurs
droits dans le pays où la publication originale a été
faite et la durée de leur jouissance dans l'autre pays ne
pourra excéder celle fixée par la loi pour les auteurs nationaux. » Les traductions sont des ouvrages originaux,
aussi : « Sont expressément assimilées aux ouvrages
originaux, dit l'article 5 de la même convention, les traductions faites dans l'un des deux États d'ouvrages nationaux ou étrangers. Ces traductions jouiront à ce titre
de la protection stipulée à l'article 1er, en ce qui concerne
leur reproduction non autorisée dans l'autre État. Il est
bien entendu, toutefois, que l'objet du présent article

est simplement de protéger le traducteur par rapport à
la version qu'il a donnée de l'ouvrage original, et non
pas de conférer le droit exclusif de traduction au premier traducteur d'un ouvrage quelconque, écrit en langue
morte ou vivante, si ce n'est dans le cas et les limites
prévues par l'article ci-après. » Cet article est relatif au
droit de traduction qui peut appartenir à l'auteur de
l'ouvrage original. Nous l'étudierons plus loin. Un article
semblable à l'article 5 que nous venons de citer se rencontre dans toutes les conventions.

Les appropriations indirectes constituent les contrefaçons les plus dangereuses dont les auteurs aient à
souffrir. Elles sont en effet souvent difficiles à établir.
La prohibition qui doit les atteindre est donc nécessairement sous-entendue dans toutes les conventions. Cependant il en est plusieurs qui ont voulu l'exprimer.
Telles sont les conventions que nous avons avec le Salvador
et avec l'Espagne. La première dispose ainsi : « Sont
également interdites les appropriations indirectes non
autorisées, telles que : adaptations, imitations dites de
bonne foi, utilisations, transcriptions ou arrangements
d'œuvres musicales et généralement tout emprunt quelconque aux œuvres littéraires dramatiques, artistiques,
fait sans le consentement de l'auteur. » La même pensée apparaît dans plusieurs autres conventions à l'égard
des arrangements de musique. Ce sont les conventions
franco-italienne, article 1er, franco-belge et franco-
suisse, même article : « La propriété des œuvres musicales, dit cette dernière, s'étend aux morceaux dits
arrangements, composés sur des motifs extraits de ces

mêmes œuvres. » La convention franco-suisse contient un article 14 qui diminue singulièrement l'étendue de la disposition que nous venons de rapporter : « La fabrication et la vente des instruments servant à reproduire mécaniquement des airs de musique qui sont du domaine privé ne sera pas considérée, en France, comme constituant le fait de contrefaçon musicale. » C'est textuellement la loi du 16 mai 1866. On connaît l'histoire de cette loi. La jurisprudence française déclarait qu'en vertu de l'article 425 du Code pénal toute reproduction musicale était une contrefaçon. Peu importait le moyen de reproduction, l'article 425 sur ce point étant énonciatif. Il y avait donc contrefaçon à reproduire un air du domaine privé au moyen de pointes fixées sur le cylindre d'un orgue de barbarie ou d'une boîte à musique. La Suisse, dont le commerce de boîtes à musique est considérable, s'émut de cette jurisprudence et ne consentit à signer la convention littéraire du 30 juin 1864 que sur l'engagement pris par le gouvernement de présenter au Corps législatif dans la cession suivante un projet de loi qui est devenu la loi du 16 mai 1866. Faisons remarquer qu'à raison de son caractère et de l'atteinte qu'elle porte au droit des compositeurs, cette loi doit être interprétée restrictivement, que, par suite, comme elle ne parle pas de l'exécution, l'usage de ces instruments constitue une atteinte au droit de représentation. La convention franco-suisse de 1882, ne s'est pas contentée de la loi, elle la reproduit, elle se l'approprie, jugeant sans doute qu'un contrat synallagmatique est préférable à un acte législatif unilatéral.

Citons enfin une disposition qu'on lit dans la convention franco-luxembourgeoise, article 7 ; dans les conventions franco-portugaise et franco-autrichienne, article 6 ; dans la convention franco-belge, article 13, et dans la convention franco-suisse, article 7. Elle est relative au droit dit d'éditeur partagé. Voici comment la convention franco-belge la formule : « Le gouvernement français et le gouvernement belge prendront les mesures nécessaires pour interdire l'entrée sur leurs territoires respectifs des ouvrages que les éditeurs français ou belges auraient acquis le droit de réimprimer avec la réserve que ces réimpressions ne seraient autorisées que pour la vente en France ou en Belgique et sur des marchés tiers. — Les ouvrages auxquels cette disposition est applicable devront porter sur leurs titre et couverture les mots : Édition interdite en France (en Belgique) et, autorisée pour la Belgique (la France) et l'étranger. » Cet article est la reproduction textelle de l'article 14 de la convention franco-belge du 1er mai 1861. Il n'y a que la convention franco-suisse qui contienne les mêmes formalités d'inscription sur les titre et couverture. Ajoutons une dernière remarque qui a son importance car elle constate un échec à la loi sur les douanes du 6 mai 1841. Cette loi, comme nous l'avons vu, refuse le transit aux ouvrages contrefaits, cependant les conventions franco-portugaise et franco-autrichienne portent dans leur texte : « Les ouvrages auxquels s'applique l'article 6, seront librement admis dans les deux pays pour le transit à destination d'un pays tiers. » Dans tous les autres cas les conventions n'accordent le transit qu'aux livres d'importation licite.

Les conventions protègent également les représentations des œuvres dramatiques et musicales. Nous lisons dans l'article 3 de la convention conclue le 9 juin 1880 avec le Salvador : « Les stipulations de l'article 1er s'appliquent également à la représentation ou à l'exécution dans l'un des deux pays des œuvres dramatiques ou musicales des auteurs et compositeurs de l'autre pays. » Les conventions assurent aux auteurs le droit exclusif de faire représenter leurs œuvres qui ne peuvent par suite être mises à la scène sans leur autorisation. Mais certaines conventions restreignent ce droit aux œuvres qui ont paru après leur mise en vigueur. C'est ce qu'exprime l'article 4 de la convention que nous avons conclue le 16 décembre 1865 avec le grand-duché de Luxembourg ; même disposition dans l'article 3 de la convention franco-autrichienne du 11 décembre 1866 et dans l'article 4 de la convention franco-belge du 31 octobre 1881. La convention franco-luxembourgeoise s'exprime ainsi : « Les stipulations de l'article 1er s'appliqueront également à l'exécution ou représentation des œuvres dramatiques ou musicales, publiées, exécutées ou représentées pour la première fois dans l'un des deux pays, après la mise en vigueur de la présente convention. » Il résulte de ces dispositions que les ouvrages dramatiques et musicaux représentés à l'étranger antérieurement à l'époque qu'elles déterminent appartiennent au domaine public. Nous ne saurions admettre cette manière de voir. Certes les représentations qui ont été données avant cette époque étaient licites, et l'auteur ne peut poursuivre les contrefacteurs pour ces faits. Mais l'ouvrage est resté sa propriété et il ne devrait pouvoir être représenté qu'avec son consentement.

Le droit de représentation est assez mal protégé par la convention que nous avons conclue le 3 novembre 1851 avec l'Angleterre. Elle prohibe, il est vrai, la contrefaçon des ouvrages dramatiques, mais elle autorise les appropriations, ou imitations de bonne foi de ces ouvrages qui seront faites sur les scènes respectives de France et d'Angleterre. La question d'imitation ou de contrefaçon est déterminée dans tous les cas par les tribunaux des pays respectifs d'après la législation en vigueur dans chacun des deux États.

Nous reconnaissons qu'à raison des différences qui existent entre les mœurs des deux pays, il est souvent indispensable que les pièces qui ont été jouées pour la première fois en France, soient modifiées quand on les transporte sur les scènes de l'autre pays, si l'on ne veut pas choquer les opinions sociales, politiques ou morales des spectateurs. Les pièces, suivant l'expression consacrée, sont alors adaptées. Mais en droit cette adaptation ne saurait être faite sans l'autorisation de l'auteur, car son œuvre ne doit subir aucune modification sans qu'il y consente. En s'exprimant ainsi, article 4 : « Il est bien entendu que la protection stipulée par le présent article n'a point pour objet de prohiber les imitations faites de bonne foi, ou les appropriations des ouvrages dramatiques aux scènes respectives de France et d'Angleterre, mais seulement d'empêcher les traduc-

tions en contrefaçon, » la convention franco-anglaise,
comme le fait remarquer M. Renault, arrive à priver de
protection en Angleterre les auteurs dramatiques français auxquels les scènes anglaises empruntent beaucoup, car il était puérile d'interdire une traduction
littérale que personne ne pouvait songer à faire. Pour
donner satisfaction aux réclamations des auteurs dramatiques les deux gouvernements ont signé, le 11 août 1875,
une déclaration qui a pour but d'abroger le paragraphe 3
de l'article 4 de la convention du 3 novembre 1851. Mais,
comme nous l'avons démontré, cette déclaration est sans
force et doit être déclarée non avenue pour n'avoir pas
été conclue par les pouvoirs compétents. Nous croyons
donc que le paragraphe 3 de l'article 5 de la convention
du 3 novembre 1851 n'a rien perdu de sa valeur en dépit
de la convention du 11 août 1875.

Les conventions que nous avons avec le Salvador et
avec l'Espagne prennent soin de s'expliquer sur le point
qui nous occupe. « Sont également interdites, expose
cette dernière, les appropriations indirectes non autorisées, telles que : adaptations, imitations dites de bonne
foi, transcriptions ou arrangements d'œuvres musicales,
et généralement tout emprunt quelconque aux œuvres
littéraires, dramatiques ou artistiques, fait sans le consentement de l'auteur. » Cette disposition au fond est
inutile et doit être sous-entendue, nous l'avons déjà dit,
dans les conventions qui ne l'ont pas exprimée. Mais
dans la convention franco-espagnole elle a pour but de
rompre ouvertement avec l'article 5 de la convention du
15 novembre 1853 qui, à l'exemple de la convention

franco-anglaise, permettait toute appropriation ou imitation faite de bonne foi.

Nous avons à signaler des conventions qui n'accordent aucune protection au droit de représentation. Les conventions que nous avons conclues le 29 mars 1855 avec les Pays-Bas et le 6 avril 1861 avec la Russie ne contiennent en effet aucun article se référant à ce droit. Cette situation est vraiment scandaleuse pour la Russie où le théâtre Michel de Saint-Pétersbourg, qui réunit l'élite de la société russe et jouit de la faveur du souverain et de la famille impériale, ne représente que des pièces empruntées à nos écrivains et jamais en une autre langue qu'en français. Nous croyons savoir cependant que le représentant des auteurs, compositeurs et éditeurs français en Russie, vient d'obtenir un jugement contre un directeur de théâtre reconnu coupable d'avoir représenté et contrefait plusieurs pièces d'auteurs français.

La mauvaise foi de ceux qui exploitent le théâtre à l'étranger a eu pour résultat de tuer le théâtre de province en France, et même d'obliger des auteurs français qui voulaient jouer à l'étranger des pièces nouvelles dans lesquelles ils espéraient avoir un succès, à les acheter eux-mêmes aux auteurs pour se les procurer. Les auteurs en effet n'ont trouvé pour se défendre contre la contrefaçon d'autre moyen que de ne pas faire imprimer leurs pièces.

Jusqu'à présent, on a pu le remarquer, les conventions paraissent plus complètes que le décret de 1852, notamment en ce qui concerne le droit de représentation, dans l'opinion du moins que nous avons admise à ce sujet.

Elles présentent donc à ce point de vue une véritable utilité pour les auteurs dramatiques étrangers. On se souvient en effet que le décret du 28 mars ne s'occupe pas du droit de représentation, qu'il laisse soumis à la législation qui l'a précédé, d'après laquelle il faut que la première représentation ait eu lieu sur une scène française pour qu'un ouvrage dramatique soit protégé en France relativement à ce droit. Cette législation ne s'applique donc qu'à l'égard des auteurs qui appartiennent à des pays avec lesquels nous n'avons aucun traité.

Mais les conventions sont aussi quelquefois moins avantageuses que le décret. Elles font exception à la protection qu'elles organisent, dans certains cas qu'elles déterminent expressément. « Nonobstant la stipulation de la présente convention, disent-elles, les articles extraits des journaux ou recueils périodiques publiés dans l'un des deux pays pourront être reproduits ou traduits dans les journaux ou recueils périodiques de l'autre pays, pourvu que l'on indique la source à laquelle on les aura puisés. Toutefois cette faculté ne s'étendra pas à la reproduction dans l'un des deux pays des articles de journaux et de recueils périodiques publiés dans l'autre, lorsque les auteurs auront formellement déclaré, dans le journal ou le recueil même où ils les auront fait paraître, qu'ils en interdisent la reproduction. En aucun cas cette interdiction ne pourra atteindre les articles de discussion politique. » Certaines législations étrangères contiennent une semblable disposition. Cette règle n'est cependant pas générale. Ainsi en France il n'y a à ce sujet qu'un simple usage basé sur une réciprocité de fait. Mais en droit la

reproduction non-autorisée même d'articles politiques
pourrait être poursuivie comme celle de toute œuvre littéraire. Il existe plusieurs arrêts de cours d'appel et même
un arrêt de Cour de cassation (Crim. rej. 29 oct. 1830;
Rouen, 10 et 13 déc. 1839; Paris, 25 nov. 1836) qui
confirment cette doctrine. Sans doute on comprend que
la reproduction à l'étranger soit plus facilement autorisée
que dans le pays même. Mais on abuse de la clause qui
nous occupe. Ainsi sous prétextes que les articles publiés
par les journaux ou recueils périodiques peuvent être
reproduits, on en conclut, en Russie par exemple, que
tous les articles de ces recueils, même les romans entiers,
sont compris dans l'énumération donnée par l'article que
nous étudions. C'est là une interprétation exagérée qui
détruirait l'économie de toutes les conventions, si elle
était admise. Aujourd'hui beaucoup d'ouvrages, des romans comme des œuvres de science, sont publiés dans
des revues périodiques. Si l'on admet qu'en l'absence de
la réserve prescrite par notre article ces ouvrages peuvent être reproduits à l'étranger, il faut dire que la protection des traités ne s'adresse qu'au mode de publication,
ce qui est inadmisible. Aussi approuvons-nous les conventions que nous avons conclues avec le Salvador et
avec l'Espagne. Aucune réserve n'est plus nécessaire, il
faut toujours l'autorisation de l'auteur. C'est ce qu'expriment ces deux conventions, la première dans son article 8, la seconde dans son article 4. Voici ce dernier :
« Les ouvrages paraissant par livraison, ainsi que les
articles littéraires, scientifiques ou critiques, les chro-
niques ou feuilletons, et, en général, tous écrits autres

que ceux de discussion politique, publiés dans les journaux
ou recueils périodiques, par des auteurs de l'un des deux
pays, ne pourront être reproduits ni traduits dans l'autre
pays sans l'autorisation des auteurs ou de leurs ayants
cause. » Il n'y a donc d'exception que pour les articles de
discussion politique, à l'égard desquels le lecteur qui désire
se former une opinion juste et consciencieuse aime à trouver réunis l'attaque et la défense. Cela s'explique à une
époque où la politique joue un si grand rôle. Nous rencontrons cette exception en faveur des polémiques politiques dans toutes les conventions que nous avons conclues
« En aucun cas cette interdiction ne pourra atteindre les
articles de discussion politique, » disent-elles généralement. L'article 5 de la convention que nous avons avec
l'Angleterre ne contient pas de disposition relative aux
articles politiques. Cette disposition a été insérée dans
l'article 2 du procès-verbal d'échanges des ratifications.

On rencontre encore dans certaines conventions une
dérogation au principe qu'elles sanctionnent en faveur
des auteurs. Aucune autorisation n'est nécessaire pour
publier les chrestomathies ou recueils de morceaux choi-
sis. Le but de cette disposition est de faciliter le développement de l'instruction. Voici comment s'exprime
l'article 2 de la convention franco-luxembourgeoise :
« Sera réciproquement licite la publication dans chacun
des deux pays d'extraits ou de morceaux entiers d'ouvrages ayant paru pour la première fois dans l'autre,
pourvu que ces publications soient spécialement appro-
priées et adaptées à l'enseignement ou à l'étude et soient
accompagnées de notes explicatives ou de traductions in-

terlinéaires et marginales dans la langue du pays où elles
sont publiées. » Semblable disposition se retrouve dans
un arrangement avec les Pays Bas du 27 avril 1860, article 2;
et dans nos conventions avec le Portugal, article 9, le Salvador, article 7, l'Espagne, article 4, la Belgique, article 2,
enfin la Suisse, même article. L'article 2 de la convention
franco-belge n'autorise qu'en Belgique la publication
des chrestomathies, composées de fragments ou extraits
d'auteurs français, pourvu que ces recueils soient spécialement destinés à l'enseignement. Bien que la réciprocité
fût insignifiante pour nous, il est singulier qu'elle n'ait
pas été stipulée sur ce point, au profit des Français en
ce qui concerne les auteurs belges. Ni cette convention,
ni la convention franco-suisse n'exigent que ces recueils
soient accompagnés de notes.

2° *Les traités étendent-ils leur protection aux œuvres parues
antérieurement à leur promulgation ?*

Nous avons vu que le décret du 28 mars 1852 étend
sa protection aux œuvres qui ont paru antérieurement à
sa mise en vigueur. Il en est de même à l'égard des conventions. On trouve d'ailleurs dans la plupart un article
qui assure la libre continuation de la vente, publication ou
introduction dans les États respectifs des ouvrages qui
auraient été publiés en tout ou en partie contrairement
au droit des auteurs avant leur promulgation. Le doute
n'est donc pas possible en fait. Ainsi la convention franco-autrichienne du 11 décembre 1866 porte, article 11 :
« Les deux gouvernements prendront par voie de règlement d'administration publique les mesures nécessaires

pour prévenir toute difficulté ou complication à raison
de la possession et de la vente par les éditeurs; imprimeurs ou libraires de l'un ou de l'autre des deux pays,
de réimpression d'ouvrages, de propriété de sujets respectifs et non tombés dans le domaine public, fabriqués
ou importés par eux antérieurement à la mise en vigueur
de la présente convention, ou en cours de fabrication et
de réimpression non autorisés au moment de la mise
en vigueur de la présente convention. — Ces règlements
s'appliqueront également aux clichés, bois et planches
gravées de toute sorte, ainsi qu'aux pierres lithographiques existant en magasin chez les éditeurs ou imprimeurs français ou autrichiens et constituant une reproduction non autorisée de modèles français ou autrichiens.
Toutefois ces clichés, bois et planches gravées de toute
sorte, ainsi que les pierres lithographiques, ne pourront
être utilisés que pendant quatre ans, à dater de la mise
en vigueur de la présente convention. » Nous ferons remarquer que cette convention, en ce qui concerne les clichés est plus avantageuse que le décret de 1852; car
nous avons admis, en interprétant le décret, qu'il importe
peu que les formes que l'on met sous presse soient d'un
seul bloc ou composées de caractères mobiles; c'est le
tirage seul qui constitue une édition nouvelle et donne
lieu à une contrefaçon. La convention franco-autrichienne
entend autrement que nous ce que c'est qu'une édition
nouvelle.

La convention franco-russe laisse soumis au droit
commun les clichés, bois et planches gravées; mais pour
déterminer le moment à partir duquel les réimpressions

deviennent illégales, elle ne part pas du jour de sa mise en vigueur ; elle retarde les effets qu'elle doit produire pendant une année à partir de cette époque. « Article 7. La présente convention ne pourra faire obstacle à la vente des réimpressions ou reproductions qui auraient été publiées dans chacun des deux États, ou qui auraient été introduites dans l'année qui suivra la signature de la présente convention. Quant aux ouvrages de reproduction non autorisée en cours de publication, dont une partie aurait déjà paru avant l'expiration d'une année, à partir du jour de la signature de la présente convention, les éditeurs en France et ceux dans l'empire de Russie, pourront publier les volumes et livraisons nécessaires, soit pour l'achèvement desdits ouvrages, soit pour compléter les souscriptions des abonnés, ou les collections non vendues existant en magasin. »

La plupart des conventions se contentent de déclarer qu'elles ne font pas obstacle à la libre continuation de la vente, publication ou introduction dans les États respectifs des ouvrages qui auraient déjà été publiés en tout ou en partie dans l'un d'eux avant leur mise en vigueur ou avant la mise en vigueur de la convention qu'elles renouvellent. Telles sont les conventions que nous avons avec les Pays-Bas, article 7, l'Italie, article 11, le Luxembourg, article 12, le Portugal, article 12, la Suisse, article 11.

La convention franco-espagnole du 16 juin 1880 remplace une convention du 15 novembre 1853, laquelle s'appliquait également aux ouvrages parus avant qu'elle fût exécutoire. Or la convention de 1880, après avoir dit qu'elle n'était applicable qu'aux ouvrages publiés, repré-

sentés ou exécutés depuis sa mise en vigueur, se hâte
de se reprendre et d'ajouter que, toutefois, les ouvrages
dont la propriété serait encore garantie à cette époque
par les dispositions de la convention de 1853, seront
également appelés à bénéficier des avantages nouveaux
qu'elle assure. Il est donc certain qu'elle s'étend non
seulement aux ouvrages antérieurs à son apparition,
mais encore à ceux qui avaient paru lorsqu'a été promulguée la convention de 1853

Les dispositions qui nous occupent ont été supprimées
d'un commun accord dans la convention franco-belge
du 31 octobre 1881, qui a remplacé celle du 1ᵉʳ mai 1861,
pour le motif qu'elles n'ont plus aujourd'hui d'application. Mais cette déclaration n'est relative qu'aux contrefaçons possédées licitement, elle n'implique pas que les
ouvrages antérieurs à sa promulgation ne soient plus
protégés par la convention nouvelle. Une telle interprétation serait même contraire à la déclaration, qui ne porte
pas sur ce point, qu'on n'a pas voulu toucher. La nouvelle convention est donc conforme à l'ancienne pour
protéger les ouvrages parus avant qu'elle ne fût promulguée.

Il n'y a que les conventions que nous avons avec
l'Angleterre et avec le Salvador qui paraissent muettes.
Mais quant à cette dernière, copiée sur le décret de 1852,
elle doit s'interpréter comme lui. D'ailleurs l'application
des conventions aux ouvrages qui sont antérieurs à leur
mise en vigueur, nous paraît si juste, si légitime, qu'il
ne nous faudrait rien moins qu'un texte formel pour la
leur refuser.

Ce texte n'existe pas du moins relativement au droit de publication. Mais à l'égard du droit de représentation des œuvres dramatiques et musicales, il n'en est plus de même. Plusieurs conventions ne réservent leur protection à ce droit qu'autant que l'œuvre a été publiée ou exécutée pour la première fois dans l'un des deux pays contractants postérieurement à leur mise en vigueur. Telles sont les conventions franco-luxembourgeoise, franco-autrichienne et franco-belge. Il y a là une inégalité, une injustice, que nous avons déjà signalée, qui aboutit à mettre entre deux modes de reproduction une différence qui ne saurait s'expliquer.

3° — Faits poursuivis et répression

Les conventions répriment l'introduction, la vente et la mise en vente des contrefaçons des ouvrages qu'elles protègent. Nous lisons dans la convention conclue avec le Portugal le 11 juillet 1866, un article 10, qui se retrouve en substance dans toutes les conventions : « Art. 10. L'introduction, la vente et l'exposition, dans chacun des deux États, d'ouvrages et d'objets de reproduction non autorisée, définis par les articles précédents, sont prohibés, sauf ce qui sera dit à l'article 12, soit que lesdites reproductions non autorisées proviennent de l'un des deux pays, soit qu'elles proviennent d'un pays étranger quelconque. » Cet article 12 dont il est parlé est relatif aux exemplaires contrefaits qui existaient lors de la conclusion de la convention. On ne peut atteindre des faits de contrefaçon qui étaient licites lorsqu'ils ont été accomplis. Nous avons déjà signalé cette disposition.

Quelques conventions, les conventions franco-espagnole, franco-belge et franco-suisse ajoutent aux faits
réprimés l'exportation. Cela est conforme au décret du
28 mars 1852, qui, avec juste raison, assimile l'exportation à l'introduction, aux regards de la contrefaçon française. La répression est donc plus efficace ou tout au
moins plus explicite dans ces dernières conventions que
dans la convention franco-portugaise, que nous avons
citée, et dans celles qui lui ressemblent et qui sont encore
les plus nombreuses. L'article que nous étudions en ce
moment est pratiquement un des plus importants des
conventions. Nous l'avons vu, quand nous avons signalé
les difficultés que les conventions ont rencontrées à leur
début. C'est cet article que notre gouvernement avait le
plus à cœur de faire introduire dans les conventions, et
c'est celui que l'on a été le plus long à faire accepter
aux gouvernements étrangers. Il ne suffisait pas d'obtenir
d'un gouvernement qu'il consentît à reconnaître le principe de la propriété littéraire, il fallait encore et du
même coup l'obliger à fermer ses frontières aux produits des contrefaçons étrangères. On atteignait ainsi
indirectement les pays qui n'avaient pas voulu conclure
avec la France de convention littéraire et où la contrefaçon continuait à être exercée. De là les expressions des
conventions qui répriment la contrefaçon dans tous les
cas : « soit que lesdites reproductions non autorisées
proviennent de l'un des deux pays, soit qu'elles proviennent d'un pays étranger quelconque. »

Les conventions s'occupent enfin de la répression. On
trouve dans toutes un article qui est à peu près généra-

lement conçu dans ces termes : « En cas de contravention aux dispositions des articles précédents, la saisie
des objets de contrefaçon sera opérée, et les tribunaux
appliqueront les peines déterminées par les législations
respectives, de la même manière que si l'infraction avait
été commise au préjudice d'un ouvrage ou d'une production d'origine nationale. — Les caractères constituant la
contrefaçon seront déterminés par les tribunaux de l'un
ou de l'autre pays, d'après la législation en vigueur dans
chacun des deux États. » Ainsi est tranchée en faveur
des étrangers, au point de vue littéraire, scientifique et
artistique, la question de savoir si les tribunaux français sont compétents pour connaître des contestations
qui peuvent s'élever en ces matières même entre étrangers que soulèverait la difficulté de déterminer la nature
de leurs droits.

Quelques conventions renferment des règles très dé-
taillées relatives au fond du droit, à la procédure et
aux peines empruntées la plupart à la législation française. Ce sont celles qui ont été conclues avec des États
qui ne possèdent pas encore de législation sur la propriété littéraire et artistique. Telle est la convention
que nous avons avec le Salvador. « En l'absence, au
Salvador, de lois spéciales, dit l'exposé des motifs présenté aux Chambres le 18 décembre 1880, à l'appui du
projet de loi qui sanctionnait cette convention, les parties
contractantes, au lieu de stipuler d'une manière générale
l'application réciproque du traitement national, ont dû
mentionner expressément chacun des avantages réservés aux auteurs : tel est l'objet de l'article 1er et des ar-

ticles 3 à 10. Par le même motif, les pénalités dont seront passibles les contrefacteurs ont été déterminées dans les articles de 12 à 15.»Toutes ces dispositions sont inspirées de notre législation. Il est à remarquer qu'on a plus obtenu de cet État sans législation sur la matière, que d'autres États dont le régime est moins libéral que le nôtre et avec lesquels nos conventions ont été limitées par certaines restrictions en désaccord avec nos lois. C'est ainsi que la convention garantit le droit de propriété littéraire pendant la vie de l'auteur et cinquante ans après son décès, et que la publication d'une traduction non autorisée est de tous points assimilée à la réimpression illicite de l'ouvrage pendant tout le temps que dure sur ce dernier le droit exclusif de propriété. Au Salvador, un auteur n'est protégé qu'à la condition d'obtenir du gouvernement un privilège dont la durée est de quinze ans, mais qui peut être renouvelé. On voit donc que les œuvres publiées en France sont mieux protégées au Salvador que celles qui sont publiées dans ce pays.

La convention franco-suisse du 23 février 1882 contient également à l'exemple de la convention que nous avons avec le Salvador, plusieurs dispositions empruntées à nos lois. Les mêmes circonstances rendaient cette conduite encore ici nécessaire.

La Suisse ne possédait à cette époque aucune législation sur la propriété littéraire et artistique. Depuis longtemps un certain nombre de cantons, dans le but de protéger cette propriété, avaient adhéré à un concordat approuvé par le conseil fédéral, le 3 décembre

1856. A l'époque où la convention franco-suisse a été
conclue, certains cantons ne protégeaient donc pas la propriété intellectuelle ou s'en préoccupaient fort peu. Si la
contrefaçon avait été tolérée dans ces cantons, il eût été
à peu près inutile d'être protégé dans les autres. Aussi
a-t-on fait de la convention de 1882 une véritable loi sur
la matière, pour suppléer à la législation locale, et l'on
a permis aux auteurs français de s'en prévaloir sur tout
le territoire suisse, sans avoir égard à la législation particulière de tel ou tel canton. Il en résultait donc que,
comme au Salvador, les auteurs français étaient mieux
protégés en Suisse que les auteurs suisses eux-mêmes.

Cette situation a changé. La constitution fédérale de
1874 a reconnu à la confédération le droit de légiférer
en matière de propriété littéraire et artistique. La confédération faisant usage de ce droit a édicté sur cette
matière le 23 avril 1883 une loi qui est entrée en vigueur
le 1" janvier 1884. Désormais la propriété littéraire et
artistique est protégée d'une manière uniforme pour les
auteurs suisses sur tout le sol helvétique. Les dispositions de la loi nouvelle se sont-elles introduites d'elles-
mêmes dans la convention franco-suisse par le fait seul
qu'elles ont été consacrées par le législateur suisse ?
Nous ne le pensons pas. Il est naturel qu'un contrat qui
s'est formé par le concours de deux volontés ne puisse
être modifié que par ce même concours. La France ne
pouvait accepter d'avance des conventions dont il lui
était impossible de mesurer les conséquences. L'article 1"
de la convention de 1882 dit bien que les dispositions
de la convention pourront être remplacées par celles de

la législation que les autorités fédérales suisses vien-
draient à consacrer en matière de propriété littéraire et
artistique, sur la base de l'assimilation des étrangers
aux nationaux. Mais cela ne peut avoir lieu que sous réserve des garanties stipulées à l'article 31, c'est l'article 17
lui-même qui le dit expressément. Les conséquences de
la nouvelle législation suisse sont donc pour nous
beaucoup moins immédiates qu'on pourrait croire. Le
changement de législation autorise seulement la Suisse à
dénoncer la convention en vertu de son art. 34, avant
le temps pour lequel elle est faite, c'est-à-dire avant la
date du 1er février 1892.

Il est probable que pour mettre d'accord ses rapports
avec la France et sa législation nouvelle, le gouvernement helvétique ne tardera pas à profiter des facilités
que lui donne cet article.

4° — *Textes à consulter pour interpréter les conventions*

On a pu remarquer dans ce qui précède qu'il ne suffit
pas de consulter les termes des conventions pour se
rendre compte de la situation des auteurs, mais qu'il
faut encore pour cela se référer aux lois françaises et
étrangères.

Ainsi, en général, trois textes sont à consulter : 1° le
traité ; 2° la loi du pays où la publication originale a été
faite ; 3° la loi du pays où l'auteur réclame protection.

Qu'il faille consulter le traité, cela est évident, puisqu'il renferme le principe de la protection internationale,
et sert de loi aux parties qui en ont débattu les dispositions au mieux de leurs intérêts.

Il faut ensuite consulter la loi du pays où à eu lieu la première publication, car ce n'est qu'autant que l'auteur jouit d'un droit dans ce pays qu'on peut lui accorder protection dans l'autre. Il serait singulier qu'un auteur fût protégé au dehors, alors qu'il ne le serait pas dans son propre pays. Nous trouvons ces principes exprimés dans les conventions. « Toutefois ces avantages ne leur seront réciproquement assurés que pendant l'existence de leurs droits dans le pays où la publication originale a été faite. » Telle est la disposition que nous rencontrons dans les conventions que nous avons conclues avec l'Italie, avec le Luxembourg, avec le Portugal, avec l'Autriche, avec la Belgique. C'est déjà ce que nous avons admis à propos du décret de 1852. Nous avons reconnu qu'il ne créait pas de droits nouveaux et qu'il ne faisait que sanctionner les droits existants.

Mais nous n'avons pas seulement admis que l'auteur étranger pouvait avoir des droits moindres que les auteurs nationaux. Nous avons encore déclaré qu'il serait contraire à l'ordre public de reconnaître aux auteurs étrangers plus de droits que les auteurs nationaux n'en peuvent avoir. On ne saurait tolérer de la part des étrangers ce qui n'est pas permis aux nationaux, et les étrangers ne peuvent prétendre à un maximum de protection supérieur à celui dont les nationaux jouissent. Il est donc nécessaire de consulter la législation du pays où la protection est réclamée. C'est elle seule qui peut déterminer la mesure de cette protection, les éléments et les conséquences de la contrefaçon, la procédure à suivre. Les juges ne peuvent appliquer au délit de contrefaçon d'autre loi pénale que leur loi nationale, parce qu'en principe elle seule a autorité sur le territoire. Conformément à ces principes les conventions portent que la durée de leur jouissance dans l'autre pays ne pourra excéder celle fixée par la loi pour les auteurs nationaux. Les conventions que nous avons avec les Pays-Bas et la Russie disent de même expressément : « Il est bien entendu, toutefois, que les droits à exercer réciproquement dans l'un ou dans l'autre État, relativement aux ouvrages ci-dessus mentionnés, ne pourront être plus étendus que ceux qu'accorde la législation de l'État auquel appartiennent les auteurs ou ceux qui les remplacent à titre de mandataires, d'héritiers, de cessionnaires, de donataires ou autrement. » C'est encore à cet ordre d'idées qu'il faut rapporter cet article que nous avons déjà cité et qui est ainsi conçu dans la plupart des conventions : « En cas de contravention aux dispositions des articles précédents, la saisie des objets de contrefaçon sera opérée, et les tribunaux appliqueront les peines déterminées par les législations respectives, de la même manière que si l'infraction avait été commise au préjudice d'un ouvrage ou d'une production d'origine nationale. Les caractères constituant la contrefaçon seront déterminés par les tribunaux de l'un ou de l'autre pays, d'après la législation en vigueur dans chacun des deux États. »

Toutes les conventions ne semblent pas suivre ce système et obliger à consulter à la fois trois textes; le traité, la loi française, et la loi étrangère. On trouve en effet des conventions, qui, en dehors de leurs textes, semblent ne se référer qu'à une seule législation, celle du pays où l'auteur réclame la protection de la loi. Ainsi de 1843 à 1851 les quatre conventions que nous avons conclues avec la Sardaigne, le Portugal, le Hanovre et la Grande-Bretagne semblent assimiler les auteurs étrangers aux auteurs nationaux. Voici en effet dans la convention que nous avons conclue le 3 novembre 1851 avec la Grande-Bretagne, la seule de ces quatre conventions qui soit encore en vigueur, quels sont les termes de l'article premier: « A partir de l'époque à laquelle, conformément aux stipulations de l'article 4 ci-après, la présente convention deviendra exécutoire, les auteurs d'œuvres de littérature ou d'art auxquels les lois de l'un des deux pays garantissent actuellement et garantiront à l'avenir le droit de propriété ou d'auteur, auront la faculté d'exercer ledit droit sur les territoires de l'autre pays, pendant le même espace de temps et dans les mêmes limites que s'exercerait dans cet autre pays lui-même, le droit attribué aux auteurs d'ouvrages de même nature qui y seraient publiés, de telle sorte que la reproduction ou la contrefaçon, dans l'un des deux États, de toute œuvre de littérature ou d'art publiée dans l'autre, sera traitée de la même manière que le serait la reproduction ou la contrefaçon d'ouvrages de même nature, originairement publiés dans cet autre État, et que les auteurs de l'un des deux pays auront, devant les tribunaux de l'autre, la même action et jouiront des mêmes garanties contre la contrefaçon ou la reproduction non autorisée, que celle que la loi accorde ou pourrait accorder à l'avenir aux auteurs de ces derniers pays. » On a voulu voir dans ce texte qu'en Angleterre la loi anglaise était seule applicable aux auteurs français et qu'inversement en France c'était la loi française qui était seule applicable aux auteurs anglais. « Nous convenons certes, dit M. Fliniaux, qu'il est anormal qu'un auteur puisse demander à l'étranger plus que ce que lui concède sa loi nationale et nous nous sommes élevés au congrès de Paris en 1878, contre une proposition présentée en ce sens dans une brochure, par M. H. Celliez; mais nous ne pouvons malgré cela, trouver autre chose que ce système dans la convention anglaise. Elle énonce en terme précis que les auteurs pourront exercer leur droit dans l'autre pays pendant le même espace de temps et dans les limites que s'exerce dans cet autre pays lui-même le droit d'auteur » (1). « Cela ne nous paraît pas certain, répondrons-nous avec M. Renault, attendu que dans l'article 1" de cette convention nous lisons : « Les auteurs... auxquels les lois de l'un des deux pays garantissent actuellement et garantiront à l'avenir le droit de propriété ou d'auteur, auront la faculté d'exercer ledit droit sur les territoires de l'autre pays, pendant le même espace de temps et dans les mêmes limites que s'exercerait dans cet autre pays lui-même, le droit attribué aux auteurs d'ouvrages de même nature qui y seraient publiés. » Cette disposition suppose donc que le droit existe d'après la loi du pays d'origine. Il importe peu qu'on semble dire ensuite que le droit existera pendant toute la durée fixée par la loi de l'autre pays. Le droit étant éteint d'après la loi du pays d'origine, on ne pourrait plus invoquer le bénéfice de la convention, puisque la condi-

(1) Fliniaux, *Essai sur les droits des auteurs*, p. 15.

tion exprimée au début de l'article ferait défaut. La rédaction de cet article est embarrassée; mais au fond la convention franco-anglaise de 1851 exprime le même principe, qui a été plus nettement posé dans les conventions postérieures (1). »

Il est vrai que les trois conventions qui ont précédé le traité franco-anglais sont rédigées en termes qui permettent de croire que les étrangers doivent être assimilés aux nationaux. Le traité que nous avons signé avec le Portugal, le 12 avril 1851, semble même formel à cet égard : « Il est entendu, dit-il, que si les lois de l'un des deux États respectifs viennent à accorder à ses nationaux un délai plus long, cette augmentation de délai sera également concédée aux nationaux de l'autre État, s'ils l'y réclament. » On peut objecter qu'il n'est peut-être question ici d'augmentation que dans les limites de la durée la plus longue accordée par l'un des deux États. Quoi qu'il en soit de l'interprétation de cette convention, qui n'est plus en vigueur, il est facile de voir que la convention conclue avec la Grande-Bretagne n'est plus conçue dans les mêmes termes. Par suite si l'on veut dissiper les doutes que son manque de précision peut faire naître, on n'y arrivera pas en la comparant aux conventions qui l'ont précédée. Tout au contraire, la convention du 20 mars 1855 que nous avons avec les Pays-Bas, contient les mêmes expressions que la convention franco-anglaise : « Les auteurs, auxquels les lois de l'un des deux pays garantissent le droit de pro-

(1) Renault, *Journal de droit international privé*, 1878, p. 461.

priété, auront la faculté d'exercer ce droit sur le territoire de l'autre pays, pendant le même espace de temps
et dans les mêmes limites que s'exercerait dans cet
autre pays le droit attribué aux auteurs. » Or cette convention ajoute en manière d'explication, et comme si
cette clause aurait pu être sous-entendue : « Il est bien
entendu toutefois que les droits à exercer réciproquement dans l'un ou dans l'autre pays, relativement aux
ouvrages ci-dessus mentionnés, ne pourront être plus
étendus que ceux qu'accorde la législation du pays auquel l'auteur ou ses ayants cause appartiennent. » Nous
croyons que cette clause qui est exprimée ici est implicitement contenue dans la convention franco-anglaise
du 3 novembre 1851 et qu'ainsi pour l'application de
toutes les conventions aujourd'hui en vigueur, il ne suffit pas de consulter le traité et la loi du pays où l'auteur
réclame protection mais qu'il faut encore dans tous
les cas consulter la loi du pays d'origine. Il pourra
donc arriver qu'un auteur étranger qui voudra invoquer
la loi française, soit repoussé à l'aide de sa propre loi.

§ — *De la durée du droit*

Au point de vue de la loi française, la disposition des
lois étrangères dont il faut le plus généralement tenir
compte en appliquant les conventions est relative à la
durée du droit, qui n'est pas en effet la même dans tous
les pays.

En France, depuis la loi du 14 juillet 1866 tout auteur
d'une œuvre littéraire, dramatique ou musicale en jouit

pendant sa vie entière et ses héritiers pendant cinquante ans après sa mort.

Il s'ensuit donc, puisque d'après nos principes nous avons reconnu que les étrangers ne pouvaient pas avoir en France plus de droits que les Français, qu'il faudra restreindre à cinquante ans la jouissance chez nous des auteurs qui appartiennent à des pays où la loi leur permet de prétendre à une jouissance qui dépasse ce terme. Ceci s'appliquera par exemple à l'Espagne dont la loi après avoir donné à l'auteur un droit de jouissance sur son œuvre pendant toute sa vie, le prolonge encore après sa mort pendat quatre-vingts ans au profit des héritiers. Mais d'autre part, l'étranger ne pouvant prétendre à être mieux traité en France que dans son pays, si la loi qui le protège est moins favorable que la loi française, celle-ci ne lui sera appliquée que dans la mesure de celle-là. Ainsi le droit de publication des ouvrages allemands, autrichiens, portugais ne pourra être exclusif en France que pendant la vie de l'auteur et trente ans après sa mort, car tels sont dans ces différents pays les limites de la protection.

Mais certaines conventions se sont spécialement occupées de déterminer pendant combien de temps les droits des auteurs seraient respectivement protégés dans les deux pays contractants.

La convention conclue le 6 avril 1861 avec la Russie contient un article 4 qui est ainsi conçu : « Le droit de propriété littéraire ou artistique des Français dans l'empire de Russie, et des sujets russes en France, durera pour les auteurs toute leur vie, et se transmettra pour vingt ans à leurs héritiers directs ou testamentaires et pour dix ans à leurs héritiers collatéraux. Les termes de vingt ans et de dix ans seront comptés depuis l'époque du décès de l'auteur. » Cette convention a ceci de sinlier, qu'elle restreint le droit d'auteur, qui dans les deux pays est aujourd'hui de cinquante ans. Mais en 1861, lorsque cette convention a été conclue, la durée du droit n'était pas uniforme en France pour tous les successeurs. Depuis la loi du 8 avril 1854, la veuve jouissait des œuvres de son mari pendant toute sa vie. Quant aux enfants et descendants, cette même loi leur donnait trente ans de jouissance. Pour les autres héritiers, la loi du 19 juillet 1793 n'accordait toujours qu'un maximum de jouissance de dix années. La convention du 6 avril 1861 s'est conformée à ce système en distinguant entre les différents héritiers. Seulement elle restreint les droits des descendants, qui, au lieu de trente ans, n'ont que vingt ans de jouissance, et elle oublie de mentionner la veuve. Il résulte de cet oubli que l'héritier, qui, d'après la loi de 1854, avait le plus de droit, en est absolument privé d'après la convention, à moins que le *de cujus* n'en ait fait un héritier testamentaire : encore ses droits sont-ils bien amoindris, même dans ce cas, car de viagers qu'ils étaient d'après la loi française, ils sont réduits à une durée maximum de vingt ans. La convention du 6 avril 1861 se rapprochait donc imparfaitement de la loi française alors en vigueur. Quant à la loi russe, un ukase de 1857 avait porté à cinquante ans après la mort de l'auteur la durée des droits des héritiers ou cessionnaires. Aujourd'hui la loi du 14 juillet 1866 ne distingue plus entre l'un ou l'autre conjoint survivant ; elle a seulement réduit le droit du survivant, même lorsque c'est la veuve, à une durée de cinquante ans. Ces innovations n'ont rien changé aux conséquences de l'article 4. Ainsi tandis qu'en France le survivant des époux est toujours le premier héritier direct, du moins dans la mesure de la quotité disponible, lorsqu'il est en présence de descendants ou d'ascendants, et qu'il a la jouissance des droits d'auteur pendant cinquante ans, en Russie, l'époux survivant n'a encore de droit que lorsqu'il est héritier testamentaire et seulement pendant vingt ans.

La durée de la protection est également réglementée par la convention que nous avons conclue le 9 juin 1880 avec le Salvador. Le Salvador n'a pas de lois spéciales sur la propriété littéraire, et la convention a dû mentionner expressément chacun des avantages réservés aux auteurs. Les dispositions de cette convention sont empruntées aux lois françaises, et c'est ainsi que le droit de propriété littéraire est garanti pendant la vie de l'auteur et cinquante ans après sa mort. C'est ce qu'exprime l'article 10 : « Les droits de propriété littéraire et artistique reconnus par la présente convention sont garantis aux auteurs, traducteurs, compositeurs et artistes pendant toute leur vie, et, après leur décès, pendant cinquante ans au profit de leur conjoint survivant, de leurs héritiers, successeurs irréguliers, donataires, légataires, cessionnaires ou tous autres ayants droit, conformément à la législation de leur pays. »

D'après l'article 1er de la convention conclue entre la France et l'Espagne le 16 avril 1880, « les auteurs d'œuvres

littéraires, scientifiques ou artistiques, ou leurs ayants
cause qui justifieront de leur droit de propriété ou de
cession totale ou partielle dans l'un des deux États contractants, conformément à la législation de cet État,
jouiront, sous cette seule condition et sans autre formalité, des droits correspondants dans l'autre État et
seront admis à les y exercer de la même manière et
dans les mêmes conditions légales que les nationaux.
Ces droits seront garantis aux auteurs des deux pays
pendant toute leur vie, et après leur décès pendant cinquante ans, aux héritiers, donataires, légataires, cessionnaires ou tous autres ayants droit conformément à la
législation du pays du défunt. » En Espagne les héritiers
ont quatre-vingts ans de jouissance après le décès de
l'auteur. Or, s'il existait entre la France et l'Espagne un
traité conclu dans les termes ordinaires et portant que
la protection de leurs droits ne serait accordée aux auteurs des deux pays que pendant l'existence de ces mêmes
droits dans le pays où la publication originale a été faite
et que la durée de leur jouissance dans l'autre pays ne
pourrait excéder celle fixée par la loi pour les auteurs
nationaux, les auteurs dans l'un et l'autre pays ne pourraient être réciproquement protégés plus de cinquante
ans. C'est la règle que nous avons admise en théorie, la
convention franco-espagnole en fait une application. Les
successeurs des droits des auteurs espagnols ne peuvent
avoir en France plus de cinquante ans de jouissance,
durée de la jouissance légale de la propriété intellectuelle,
en vertu de ce principe que les étrangers ne peuvent
être plus favorisés que les nationaux et réciproquement,

les ayants cause des auteurs français ne peuvent invoquer en Espagne la loi de ce pays, qui garantit la propriété intellectuelle pendant quatre-vingts ans, en vertu de cet autre principe que le citoyen d'un État ne peut jouir à l'étranger de privilèges plus étendus que ceux dont il aurait joui dans son propre pays. Le système de la convention du 16 juin 1880, au point de vue des conséquences et dans l'état actuel des législations française et espagnole, ne diffère donc en rien du système admis dans la plupart des autres conventions.

La convention franco-espagnole du 16 juin 1880 a remplacé la convention du 15 novembre 1853. Lorsqu'une convention est renouvelée, une question se présente. La nouvelle convention s'applique-t-elle aux œuvres sur lesquelles le droit de propriété existait encore sous l'empire de la convention antérieure ? L'intérêt de cette question apparaît surtout lorsque la durée du droit qui est accordée par la convention nouvelle est plus longue que celle qui était accordée par l'ancienne. C'est ce qui se présente relativement à la convention franco-espagnole du 16 juin 1880, à l'égard de celle du 15 novembre 1853. La nouvelle convention porte à cinquante ans la durée du droit des auteurs, quel que soit le titre des héritiers ; l'ancienne distinguait, accordant une jouissance viagère à la veuve, vingt ans aux descendants et dix ans aux collatéraux. Les œuvres sur lesquelles le droit de propriété existait encore lors de la mise en vigueur de la convention nouvelle, bénéficieront-elles du délai nouveau pour le temps qui resterait encore à courir depuis la mise en vigueur de la convention nouvelle jusqu'à ce qu'il soit expiré ?

La convention franco-espagnole règle cette question. Après avoir dit, article 9 : « Cette convention est destinée à remplacer celle du 15 novembre 1853. Les dispositions en seront applicables aux ouvrages publiés, représentés ou exécutés depuis sa mise en vigueur », elle ajoute aussitôt : « Toutefois, les ouvrages dont la propriété serait encore garantie à l'époque de cette mise en vigueur par les dispositions de la convention de 1853, seront également appelés à bénéficier des avantages de la nouvelle convention pendant la vie de l'auteur et cinquante ans après son décès, ou, si l'auteur est déjà décédé, pendant tout le temps qui resterait à courir pour compléter la période de cinquante ans après son décès. » On le voit, la convention franco-espagnole ne s'étend pas aux ouvrages tombés dans le domaine public. Nous constaterons plus loin que relativement aux traductions il n'en est pas de même. La volonté des parties contractantes sur ce point s'affirme encore dans le protocole de clôture. « Les plénipotentiaires soussignés jugeant nécessaire de préciser les avantages accordés par le troisième alinéa de l'article 9 aux auteurs d'ouvrages publiés sous le régime de la convention antérieure du 15 novembre 1853, tout en réservant les droits qui pourraient être précédemment acquis par des tiers sur ces mêmes ouvrages, sont convenus de ce qui suit : 1° Le bénéfice des dispositions de la convention conclue en date de ce jour, est acquis aux ouvrages qui, publiés depuis moins de trois mois au moment de sa mise en

vigueur, seraient encore dans le délai légal pour le dépôt
et l'enregistrement prescrits, par l'article 7 de la convention de 1853, et ce, sans que les auteurs soient astreints
à l'accomplissement de ces formalités. » Ces ouvrages
n'appartenaient pas encore au domaine public. C'est le
système qui a été admis par le législateur français lorsque la loi de 1866 a porté à cinquante ans pour tous
héritiers la durée de la jouissance du droit d'auteur
qui, d'après la loi, de 1854 était viager pour la veuve, de
trente ans pour les descendants, et d'après la loi de
1793, de dix ans pour les collatéraux.

La convention franco-espagnole a pris soin de trancher
une question fort débattue, relative à la prolongation
de la durée du droit. A qui cette prolongation profite-t-elle ? Est-ce au cessionnaire, est-ce à l'auteur et à ses
héritiers? « Le bénéfice des dispositions insérées au
paragraphe précédent, dit toujours l'article 9 de la convention, pour les ouvrages publiés sous le régime de la
convention de 1853, profitera exclusivement aux auteurs
de ces ouvrages ou à leurs héritiers et non pas aux cessionnaires dont la cession serait antérieure à la mise en
vigueur de la présente convention. » Cette solution est
conforme au système qui nous paraît le plus rationnel.
Il s'agit, en effet, non pas d'interpréter un contrat et de
dire que tout pacte obscur s'interprète contre le vendeur, mais de déterminer l'objet de ce contrat. Or on
ne traite pas sur des augmentations de durée toujours
problématiques. Les parties ne stipulent jamais que sur
le droit existant à l'époque du contrat.

De toutes les conventions qui ont été renouvelées

avant comme après la convention franco-espagnole, il
n'en est aucune, si ce n'est pourtant la convention
franco-allemande du 19 avril 1883, qui se soit expliquée
aussi complètement sur les effets qu'elle doit produire.
Elles semblent même ignorer la question et pourtant
il en est qui contiennent pour la jouissance des augmentations de durée.

La convention franco-italienne du 29 juin 1862 a remplacé la convention du 28 août 1843. Elle s'applique aux
ouvrages qui étaient encore la propriété de leurs auteurs
sous l'empire de la convention précédente, car elle interdit encore les nouvelles éditions des ouvrages publiés sans
autorisation, antérieurement au 28 août 1843. Mais elle ne
dit rien de plus sur les effets qu'elle produit relativement
aux ouvrages qui étaient soumis à la convention précédente.

La convention franco-portugaise du 11 juillet 1866,
remplace la convention du 12 avril 1851. Mais elle a été
renouvelée huit années après la dénonciation de la convention de 1851. Aussi, à la différence de la convention
franco-italienne, ne règle-t-elle pas les effets de la convention antérieure, mais ceux qu'elle produit elle-même.
Elle interdit les éditions nouvelles d'ouvrages publiés
antérieurement à sa mise en vigueur, sans autorisation.
Elle produit donc un effet direct et nouveau.

La convention franco-belge du 31 octobre 1881 protège les ouvrages publiés sous l'empire de la convention
du 1ᵉʳ mai 1861. Il est naturel, en effet, que la nouvelle
convention se substitue à l'ancienne, mais la convention
franco-belge de 1881 a augmenté la durée du droit de

jouissance accordé par la convention de 1861 en ce qui concerne le droit de traduction, sans déterminer les effets de cette prolongation de durée : autrefois de cinq années, cette jouissance a été portée à dix ans. Nous croyons que cette prolongation de durée doit être interprétée dans le sens des dispositions de la loi franco-espagnole, c'est-à-dire qu'elle ne s'applique qu'au droit de propriété encore existant lors de la mise en vigueur de la nouvelle convention. Les mêmes observations s'appliquent à la convention franco-suisse qui contient les mêmes innovations.

La législation cantonale, qui régissait la Suisse en matière de propriété littéraire et artistique et qui datait de 1856, vient d'être modifiée par une loi fédérale du 23 avril 1883. Une revision de la convention franco-suisse du 23 février 1882 est par suite devenue nécessaire. Mais, comme nous l'avons démontré, c'est surtout relativement à la protection, au recours légal, à l'application des peines qu'une réforme est indispensable. Quant aux nouveaux délais que la loi suisse a fixés au droit de jouissance exclusive, nous croyons qu'ils doivent être substitués aux anciens sans qu'il soit nécessaire d'aucune intervention de la part des gouvernements suisse et français. Cela nous paraît evident, en vertu de l'article 1er, applicable dans les deux pays contractants, qui se contente seulement de formuler le principe qu'on ne peut avoir à l'étranger plus de droits que dans son pays. Rien d'autre n'est réglé dans la convention à propos de la jouissance : les changements de législation sur ce point sont donc sans influence sur elle.

La durée du droit est actuellement fixée en Suisse à la vie de l'auteur et à trente années après sa mort. La protection s'étend aux œuvres déjà publiées mais encore dans le domaine privé, comme si la loi avait été en vigueur à l'époque de leur publication. Il faut seulement remarquer que dans le cas où la loi nouvelle accorde une moins longue jouissance que ne faisait la législation cantonale les droits acquis conservent néanmoins leur durée primitive. Certaines restrictions sont apportées au droit de l'auteur sur les œuvres dramatiques, musicales et dramatico-musicales. Quant aux œuvres photographiques, tout en leur accordant le bénéfice de la loi nouvelle on réduit leur jouissance à une durée de cinq ans.

6° Résolution du congrès littéraire international de 1878.

On lit dans la IV° résolution adoptée par le congrès littéraire tenu à Paris en 1878 : « Toute œuvre littéraire scientifique ou artistique, sera traitée dans les pays autres que son pays d'origine, suivant les mêmes lois que les œuvres d'origine nationale. — Il en sera de même en ce qui concerne l'exécution des œuvres dramatiques et musicales. » Semblabie disposition a été votée dans l'article 15 de ses résolutions par le congrès artistique qui s'est tenu à Paris la même année.

C'est l'expression de la doctrine dont certains auteurs veulent voir une application dans la convention conclue avec la Grande-Bretagne le 3 novembre 1851.

Serait-il désirable que cette proposition fût appliquée par les traités? c'est encore relativement à la durée du droit que cette question est importante. Les conventions ne reconnaissent de droit aux auteurs que pendant le temps où ils sont protégés dans leur pays d'origine, mais la durée de ces droits n'est jamais plus longue que celle accordée aux nationaux. « Ce système, dit M. Celliez, efface la vertu originelle du décret de 1872, auquel la France semble renoncer quand elle consent à y déroger dans la loi spéciale qu'elle établit par un traité avec une nation contractante, et quand elle étend cette loi spéciale à ses contrats avec la presque totalité des autres nations (1). » Nous avons démontré que les conventions actuellement en vigueur ont légalement pu modifier le décret-loi du 28 mars 1852. Il est regrettable, nous l'avons reconnu, que nos diplomates, même en ne recevant en échange que des droits moindres, n'aient pas inscrit dans les conventions le principe du décret de 1852 en assimilant les étrangers aux Français. On eût ainsi évité les inconséquences qui résultent du défaut d'unité dans nos lois et conventions. Nous avons fait remarquer que l'auteur qui, en général, a le plus de droits est celui qui appartient à un pays dont le gouvernement n'a pas traité avec la France. Néanmoins, nous l'avons reconnu, le décret de 1852 ne crée pas de droits nouveaux, il se contente de sanctionner les droits existants ; il n'assimile donc pas les étrangers aux Français, au point de reconnaître à leurs droits d'auteur une durée plus longue que celle qui leur est accordée à chacun par sa législation respective.

(1) Celliez, *Comptes rendus du congrès littéraire international de 1878*, p. 58.

« Ne serait-il pas bien plus naturel, continue M. Celliez, de convenir que l'œuvre de l'auteur étranger, qui
sera communiquée au public national, jouira dans le pays
des mêmes droits que les œuvres des auteurs nationaux?
— En quoi la nation hospitalière souffrira-t-elle, parce
que le droit privatif de l'auteur ou de ses représentants
sera éteint plus tôt, ou sera moins étendu dans son
pays d'origine? — Si la nation hospitalière voulait limiter
chez elle la durée ou l'étendue du droit de l'auteur étranger, dans la mesure de la durée ou de l'étendue réglées
par la loi du pays d'origine, il serait équitable alors,
d'accorder au droit privatif de l'auteur étranger sur son
œuvre une durée plus longue, ou une plus grande étendue, quand cette durée ou cette étendue dépasseraient
dans son pays d'origine, celles établies dans l'autre pays
pour les auteurs nationaux. — Il n'y a qu'une seule manière d'être juste envers tous, c'est l'assimilation absolue
des œuvres, quelle qu'en soit l'origine, nationale ou
étrangère, lorsqu'il s'agit de régler le droit privatif de
communication au public d'un pays déterminé : toutes
doivent être soumises à la loi du pays. »

Le système de M. Celliez se recommande par sa sim-
plicité. Il supprime toutes les questions auxquelles
donnent lieu la nature et la durée du droit, qu'il s'agisse
d'ouvrage original, de traduction ou de représentation.
Les formalités imposées aux auteurs pour pouvoir
invoquer leurs droits à l'étranger sont également supprimées. Plus de déclaration, de dépôt, d'enregistrement. Toutes ces dispositions qui composent les traités
internationaux deviendraient superflus, si les auteurs

étrangers étaient simplement soumis aux mêmes lois et règlements que les auteurs nationaux eux-mêmes. Mais il ne faut pas oublier que la proposition de M. Celliez fait partie d'un système complet de résolutions avec lesquelles elle est en parfaite harmonie. La première de ces résolutions est, en effet, ainsi conçue : « Le droit de l'auteur sur son œuvre constitue, non une concession de la loi, mais une des formes de la propriété que le législateur doit garantir. » C'est, en effet, dans cette hypothèse surtout que la propriété littéraire pourrait être protégée dans tous les pays d'une manière uniforme, soit qu'elle appartint à des auteurs étrangers ou à des auteurs nationaux. Mais la plupart des législations positives ne voient dans le droit des auteurs qu'une concession de la loi. On comprend donc que, s'attachant à ce point de vue, les législations ne protègent le droit d'auteur que dans la mesure concédée, mais sans que cette durée puisse être supérieure à celle que reconnaît aux nationaux la législation du pays où l'auteur réclame protection. « Quoi qu'on dise, il paraîtra toujours singulier que la reproduction d'un ouvrage publié en Angleterre soit interdite en France, alors qu'elle serait permise en Angleterre. L'argument tiré de ce que, si l'on était logique dans le système actuel, on devrait tenir compte du délai plus long fixé dans le pays d'origine, n'a pas de valeur, parce qu'il y a une raison décisive pour écarter ici la loi de ce pays. En définitive, un pays ne nous semble pas inhospitalier quand il dit à un auteur : « Vous ne serez pas mieux traité que chez vous, et vous ne serez également pas plus favorisé que mes nationaux. Cette double restriction ne nous choque pas. Elle tient compte de ce double élément de fait qu'on ne peut détruire, à savoir qu'il s'agit d'un droit né dans un pays qu'on invoque dans un autre (1). »

Pour atteindre le but désiré par le congrès littéraire et artistique de 1878, il ne suffisait pas de modifier les conventions, il faudrait encore, dans la plupart des pays, changer la législation intérieure. Il y a des pays civilisés qui ne reconnaissent pas encore le droit d'auteur. Mais, en outre, certaines législations, comme la législation espagnole, exigent la réciprocité. La réciprocité n'eût pas existé si la propriété littéraire d'origine française eût été protégée en Espagne pendant quatre-vingts ans après le décès de l'auteur, tandis que la propriété littéraire d'origine espagnole n'aurait été garantie en France que pendant cinquante ans. On ne pouvait admettre ce système dans la convention sans se mettre en opposition avec les prescriptions de l'article 51, § 1, de la loi espagnole, aux termes duquel le gouvernement doit stipuler une complète réciprocité entre les parties contractantes.

§ II. — Conditions de la protection

Nous avons à voir, maintenant, à quelles conditions les conventions internationales protègent les œuvres littéraires scientifiques, musicales et artistiques. Nous devons pour cela diviser les conventions en trois groupes. Le premier comprendra les conventions qui exigent dans le pays où la protection est réclamée à la fois, un enre-

(1) Renault, *Journal de droit international privé*, 1878, p. 463.

gistrement et un dépôt dans un certain délai. Dans un second, nous grouperons les conventions qui se contentent d'un enregistrement dans un délai déterminé. Nous réunirons enfin, dans le troisième groupe, les conventions, aujourd'hui de beaucoup les plus nombreuses, qui n'exigent aucune formalité et se contentent de la preuve de l'existence du droit dans le pays d'origine.

Nous ne trouvons plus à ranger aujourd'hui dans le premier groupe que la convention que nous avons conclue avec la Grande-Bretagne, le 3 novembre 1851. Voici en quels termes cette convention exprime les conditions qu'elle met à la protection des auteurs : « Les auteurs, traducteurs, de même que leurs représentants ou ayants cause, légalement désignés, dispose l'article 8, n'auront droit, dans l'un et l'autre pays, à la protection stipulée par les articles précédents, et le droit d'auteur ne pourra être réclamé, dans l'un des deux pays, qu'après que l'ouvrage aura été enregistré de la manière suivante, savoir : 1° si l'ouvrage a paru pour la première fois en France, il faudra qu'il ait été enregistré à l'hôtel de la Corporation des libraires à Londres ; 2° si l'ouvrage a paru pour la première fois, dans les États de Sa Majesté Britannique il faudra qu'il ait été enregistré au Bureau de la librairie du ministère de l'Intérieur à Paris. — La susdite protection ne sera acquise qu'à celui qui aura fidèlement observé les lois et règlements en vigueur dans les pays respectifs, par rapport à l'ouvrage pour lequel cette protection serait réclamée. Pour les livres, cartes, estampes ou publications musicales, la susdite protection ne sera acquise qu'autant que l'on aura remis gratuitement, dans l'un ou l'autre des dépôts mentionnés ci-dessus, suivant les cas respectifs, un exemplaire de la meilleure édition ou dans le meilleur état destiné à être déposé au lieu indiqué à cet effet dans chacun des deux pays, c'est-à-dire en France, à la Bibliothèque nationale de Paris, et dans la Grande-Bretagne, au Musée britannique, à Londres. — Dans tous les cas, les formalités du dépôt et de l'enregistrement devront être remplies sous les trois mois qui suivront la première publication de l'ouvrage dans l'autre pays. A l'égard des ouvrages publiés par livraison, ce délai de trois mois ne commencera à courir qu'à dater de la publication de la dernière livraison, à moins que l'auteur n'ait indiqué, conformément aux dispositions de l'article 3, son intention de se réserver le droit de traduction, auquel cas chaque livraison sera considérée comme un ouvrage séparé. — Une copie authentique de l'inscription sur le registre de la corporation des libraires, à Londres, conférera dans les États britanniques le droit exclusif de reproduction jusqu'à ce que quelque autre personne ait fait admettre devant un tribunal, un droit mieux établi. — Le certificat délivré conformément aux lois françaises et constatant l'enregistrement d'un ouvrage dans ce pays, aura la même force et valeur dans toute l'étendue du territoire de la République française. — Au moment de l'enregistrement d'un ouvrage dans l'un des deux pays, il en sera délivré, si on le demande, un certificat ou copie certifiée ; et ce certificat relatera la date précise à laquelle l'enregistrement aura eu lieu. — Le coût d'enregistrement d'un seul ouvrage, conformément aux stipulations du présent article, ne pourra pas dépasser la somme de un franc vingt-cinq centimes en France, et d'un schilling en Angleterre : et les frais additionnels pour le certificat d'enregistrement ne devront pas excé-der la somme de six francs vingt-cinq centimes en France et de cinq schillings en Angleterre. — Les présentes sti-pulations ne s'étendront pas aux articles de journaux ou de recueils périodiques, pour lesquels le simple avertis-sement de l'auteur, ainsi qu'il est prescrit à l'article 5, suffira pour garantir son droit contre la reproduction ou la traduction. Mais si un article ou un ouvrage qui aura paru pour la première fois dans un journal ou dans un recueil périodique est ensuite reproduit à part, il restera alors soumis aux stipulations du présent article. » Ces dispositions, comme le prévoit le second paragraphe, ne s'appliquent qu'aux ouvrages pour lesquels on a rempli dans le pays d'origne les formalités qui y sont exigées. Ceci nous prouve encore que la convention franco-an-glaise ne fait pas abstraction, comme certains auteurs le prétendent, de la législation du pays où l'ouvrage a paru. Elle ne protège que les droits qui existent respec-tivement dans le pays des États contractants, elle ne les protège donc que tant qu'ils y sont en vigueur. L'enre-gistrement pour toutes les œuvres, et le dépôt pour les livres, cartes, estampes et publications musicales doivent être accomplis dans le délai des trois mois qui suivent la première publication de l'ouvrage dans l'autre pays. Cette disposition est regrettable. Pourquoi ce délai est-il fatal? Il ne devrait être, comme le dépôt prescrit par le décret de 1852, qu'un prélimiaire à l'action. L'enre-gistrement et le dépôt entraînent des frais, l'auteur ne

se décidera à les supporter que si son ouvrage a quelque
succès, ce n'est que dans ce cas, d'ailleurs, qu'il peut
redouter la contrefaçon. Or ce n'est pas dans un délai
de trois mois que le succès d'un ouvrage peut s'affirmer.
Il faut, en outre, tenir compte de la distance et de cette
circonstance que dans ce court délai les mêmes formalités peuvent être exigées dans plusieurs pays. Aussi
arrive-t-il que beaucoup d'auteurs négligent de se mettre
en règle en temps utile. Il faut ajouter que non seulement
le temps matériel fait défaut aux auteurs pour remplir
les formalités qu'exigent les conventions, mais encore
que beaucoup d'auteurs ignorent ces obligations toujours arbitraires. Le dépôt n'est autre chose qu'un impôt
mis sur les auteurs en faveur des bibliothèques publiques.
On voudrait les en décharger. Leur intérêt, dit-on, doit
l'emporter sur celui de ces établissements. Il nous semble
pourtant que ces établissements représentent la société,
dont ils centralisent le savoir et que, si les auteurs doivent
au public une dette de reconnaissance et une communication de leurs découvertes, le dépôt dans les bibliothèques les libère en partie ou même tout à fait. La
convention franco-anglaise donne à l'enregistrement son
véritable caractère en déclarant qu'il ne fait preuve qu'autant qu'une autre personne n'a pas fait valoir devant un
tribunal un droit mieux établi : le titre d'auteur ne saurait en effet résulter d'un enregistrement.

L'article 9 de la convention franco-anglaise se rattache
à l'article 8. L'enregistrement prescrit par ce dernier
article est spécial à certains ouvrages : livres, estampes,
cartes, publications musicales. Pour les autres ouvrages,

que protège l'article 1er de la convention, s'il existe dans l'un des deux pays un mode d'enregistrement, on l'appliquera aux ouvrages qui auront vu le jour dans l'autre pays de préférence à celui qui est prescrit par l'article 8. Telle est la disposition de l'article 9 ; elle exprime une tendance à traiter les ouvrages étrangers comme les nationaux.

Voici d'ailleurs l'article 9 : « Quant à ce qui concerne tout objet autre que les livres, estampes, cartes et publications musicales, pour lesquels on pourrait réclamer la protection, en vertu de l'article 1er de la présente convention, il est entendu que toute mode d'enregistrement autre que le mode prescrit par l'article précédent, qui est ou qui pourrait être appliqué par la loi dans un des deux pays, à l'effet de garantir le droit de propriété à toute œuvre quelconque ou arcticle mis pour la première fois au jour dans ce pays, ledit mode d'enregistrement sera étendu, sous des conditions égales à toute œuvre ou objet similaire mis au jour pour la première fois dans l'autre pays. »

Nous rangerons dans le second groupe les conventions que nous avons conclues avec le Portugal le 11 juillet 1866, avec l'Autriche le 11 décembre de la même année, et enfin avec la Suisse le 23 février 1882. Les conditions imposées à la protection sont ainsi formulées dans les conventions franco-portugaise et franco-autrichienne dans leur article 2 : « La jouissance du bénéfice de l'article 1er est surbordonnée à l'accomplissement dans le pays d'origine, des formalités qui sont prescrites par la loi pour assurer la propriété des ouvrages de littérature

ou d'art. — Pour les livres, cartes, estampes gravures
ou œuvres musicales, publiées pour la première fois
dans l'un des deux États, l'exercice du droit de propriété
dans l'autre État sera, en outre, subordonné à l'accomplissement préalable, dans ce dernier, de la formalité
de l'enregistrement effectué de la manière suivante : —
Si l'ouvrage a paru pour la première fois en France, il
devra être enregistré à Lisbonne au ministère de l'Intérieur (ou à Vienne au ministère des affaires étrangères).
— Si l'ouvrage a paru pour la première fois en Portugal
(en Autriche) il devra être enregistré à Paris au ministère
de l'Intérieur. — L'enregistrement se fera de part et
d'autre sur la déclaration écrite des intéressés, laquelle
pourra être respectivement adressée soit aux susdits mi-
nistères, soit aux légations dans les deux pays. — Dans
tous les cas la déclaration devra être présentée dans
les trois mois qui suivront la publication de l'ouvrage
dans l'autre pays, pour les ouvrages publiés postérieurement à la mise en vigueur de la présente convention,
et dans les trois mois qui suivront cette mise en vigueur,
pour les ouvrages publiés antérieurement. — A l'égard
des ouvrages qui paraissent par livraison, le délai de
trois mois ne commencera à courir qu'à dater de la publication de la dernière livraison à moins que l'auteur
n'ait indiqué, conformément aux dispositions de l'article 5,
son intention de se réserver le droit de traduction : auquel
cas chaque livraison sera considérée comme un ouvrage
séparé. — La formalité de l'enregistrement qui en sera
faite sur des registres spéciaux tenus à cet effet ne donnera
de part et d'autre, ouverture à la perception d'aucune

taxe. — Les intéressés pourront se faire délivrer un certificat authentique de l'enregistrement : ce certificat sera délivré gratis, sauf, s'il y a lieu, les frais de timbre. — Le certificat relatera la date précise à laquelle la déclaration aura eu lieu ; il fera foi dans toute l'étendue des territoires respectifs et constatera le droit exclusif de propriété et de reproduction aussi longtemps que quelque autre personne n'aura pas fait admettre en justice un droit mieux établi. »

Nous ferons remarquer qu'il s'agit encore dans ces conventions de formalités indépendantes de celles qui sont exigées pour la protection dans le pays d'origine. Ces conventions présentent quelques particularités. L'enregistrement se fait sur déclaration écrite des intéressés ; en outre il peut se faire soit dans le pays où l'on veut assurer ses droits, soit, ce qui offre aux auteurs beaucoup plus de facilité, à la légation de ce pays dans l'État où se fait la publication originale. A part cela, tout ce que nous avons dit plus haut relativement à la convention franco-anglaise, au sujet du caractère du délai et de sa durée, ainsi que de la valeur du certificat d'enregistrement trouve également ici son application.

Nous devons cependant signaler dans la convention franco-suisse du 23 février 1882 une particularité qui fait que les Français, comme nous l'avons déjà remarqué, sont mieux traités que les Suisses même en ce qui concerne les formalités à remplir. La formalité de l'enregistrement n'est imposée qu'aux auteurs suisses qui veulent faire valoir leurs droits en France. Nous lisons en effet dans l'article 3, qui est compris parmi les dispositions applicables en France : « La jouissance du bénéfice de l'article 1er est subordonnée à l'acquisition légale de la propriété des ouvrages littéraires et artistiques en Suisse. — Pour les livres, brochures... publiés ou édités pour la première fois en Suisse, l'exercice du droit de propriété en France sera, en outre, subordonné à l'accomplissement préalable, dans ce dernier pays, de la formalité de l'enregistrement, effectué à Paris, au ministère de l'Intérieur..., » ou à Berne, à l'ambassade de la République française. Rien de pareil ne se rencontre dans les dispositions applicables en Suisse. Tout au contraire l'article 18, qui en fait partie, déroge expressément à l'article 3 : « Par dérogation aux dispositions des articles 3 et 6 ci-dessus, dispose cet article, il suffira pour assurer en Suisse, à tous les ouvrages d'esprit ou d'art, ainsi qu'aux traductions autorisées, la protection stipulée à l'article 1er, et pour que les auteurs ou éditeurs de chaque ouvrage soient admis devant les tribunaux suisses à exercer des poursuites contre les contrefacteurs, que lesdits auteurs ou éditeurs justifient de leur droit de propriété en France, en établissant, par un certificat délivré par le bureau de la librairie au ministère de l'Intérieur et légalisé par la légation de Suisse à Paris, que l'ouvrage en question jouit en France de la protection légale contre la contrefaçon ou la reproduction illicite. » La convention franco-suisse se rattache par cet article au troisième groupe de conventions que nous avons formé, elle appartient donc à la fois à deux classes entre lesquelles elle nous sert de trait d'union.

En effet, la plupart des conventions en vigueur au-

jourd'hui accordent aux auteurs la protection de la loi
sans exiger d'eux aucune condition d'enregistrement ou
de dépôt. Il suffit à l'auteur de prouver qu'il a rempli
toutes les formalités exigées par la loi du pays où son
droit a pris naissance et qu'il jouit dans ce pays de la
protection accordée aux auteurs sur leurs œuvres. Dans
ce groupe rentrent les conventions que nous avons signées le 29 mars 1855 avec les Pays-Bas, le 6 avril 1861
avec la Russie, le 29 juin 1862 avec l'Italie, le 10 décembre 1865 avec le Luxembourg, le 9 juin 1880 avec le
Salvador, le 31 octobre 1881 avec la Belgique. Nous ne
reparlons pas de la Suisse. L'article 2 de la convention
que nous avons conclue avec la Hollande s'exprime ainsi :
« La protection stipulée par l'article 1ᵉʳ ne sera acquise
qu'à celui qui aura fidèlement observé les lois et règlements en vigueur dans le pays de production par rapport à l'ouvrage pour lequel cette protection sera réclamée. Un certificat délivré par le bureau de la librairie au
ministère de l'Intérieur à Paris ou par le secrétariat de
la préfecture dans les départements, ou par le ministère
de l'Intérieur à La Haye, servira à constater que les formalités voulues par les lois et réglements ont été remplies. » Ce sont les mêmes autorités, le bureau de la
librairie au ministère de l'Intérieur, et le secrétariat de
la préfecture dans les départements, que la convention
franco-russe charge en France de délivrer le certificat.
Mais cette convention ajoute : « Il est entendu que, pour
être reconnu valables dans l'un ou l'autre des deux États
les certificats dont il est fait mention dans le présent
article seront légalisés sans frais par les agents diplo-

matiques ou consulaires respectifs. » Malgré le silence
de la convention que nous avons avec la Hollande, nous
croyons que cette disposition doit y être sous-entendue
parce qu'elle ne fait qu'appliquer le droit commun. Le
bureau de la librairie au ministère de l'Intérieur est seul
compétent d'après les conventions que nous avons conclues avec l'Italie, avec le Luxembourg et avec la Suisse,
en ce qui concerne les auteurs français pour délivrer
les certificats constatant qu'un ouvrage jouit en France
de la protection légale contre la reproduction illicite.
Ces conventions exigent toutes expressément que ces
certificats soient légalisés par les missions que les différents États qui les ont signées entretiennent respectivement à Paris. La convention que nous avons avec le
Salvador exige simplement que le certificat émane de
l'autorité publique compétente. Il n'y a rien là de particulier pour la France. C'est encore dans ce cas le bureau de la librairie au ministère de l'Intérieur qui délivre
les certificats constatant que les auteurs jouissent pour
l'ouvrage en question de la protection légale contre la
contrefaçon.

La convention franco-espagnole du 16 juin 1880 semble
contenir une nouveauté. Elle n'exige aucun certificat ; il
suffit aux auteurs de justifier de leur droit de propriété,
conformément à la législation de celui des deux États
contractants auquel ils appartiennent pour être admis à
exercer leurs droits dans l'autre État de la même manière et dans les mêmes conditions légales que les nationaux. Nous croyons cependant que cette convention
ne présente pas une supériorité aussi grande qu'il semble

à première vue, en n'exigeant aucune preuve particulière du droit de l'auteur. Le certificat délivré par le bureau de la librairie au ministère de l'Intérieur fournit en effet un moyen de preuve commode, car tout en créant une présomption il ne peut faire obstacle à la preuve contraire ; l'autorité de laquelle il émane n'a pas en effet une compétence suffisante pour créer un titre irréfragable, et l'on est toujours admis à prouver par tous les moyens possibles que le plaignant, malgré le certificat qu'il produit n'a aucun droit d'après la loi du pays d'origine. Le certificat présente des avantages sans danger.

Les conventions tendent, comme on le voit, à réaliser au point de vue des conditions auxquelles la protection de la loi est acquise aux auteurs, le vote que le congrès littéraire international de 1878 émettait dans sa V° résolution : « Pour que cette protection lui soit assurée, disait-il, il suffira à l'auteur d'avoir accompli dans le pays où l'œuvre a été publiée pour la première fois, les formalités d'usage. »

§§ III. — Du droit de traduction

Publication

Nous avons réservé l'étude du droit de traduction. Ce mode de reproduction ne s'applique qu'aux œuvres littéraires soit dans le livre, soit dans la représentation. Les œuvres artistiques, les œuvres musicales parlent en effet une langue simple, le langage naturel, qui est le même chez tous les peuples. Les œuvres littéraires et dramatiques sont au contraire rarement connues à l'étranger par le texte de l'œuvre originale. C'est la plupart du temps une traduction qui les porte à la connaissance des lecteurs de différents pays. Au point de vue international le droit de traduction est donc le droit le plus important qui puisse appartenir aux auteurs. Aussi les conventions en ont-elles réglé à part les conditions. Malheureusement la plupart d'entre elles protègent ce droit d'une façon fort imparfaite. Elles semblent vouloir reprendre, en les restreignant, les concessions qu'elles font pour les œuvres originales.

Nous avons déjà fait remarquer qu'une traduction est protégée comme toute œuvre originale en ce sens que le traducteur a seul le droit de reproduire sa traduction pendant le temps et sous les conditions qui sont déterminées à tout auteur pour son ouvrage. Mais ce n'est pas de ce droit dont nous nous ocuupons ici. Nous cherchons si l'auteur d'un ouvrage peut en empêcher la traduction, à quelles conditions et pendant combien de temps.

Les conventions que nous avons passés avec les Pays-Bas et avec la Russie ne contiennent qu'une clause relative au droit du traducteur. Elles ne s'occupent pas du droit que pourrait avoir un auteur d'empêcher la traduction de son ouvrage. M. Émile Zola, à ce qu'il paraîtrait, aurait eu cependant l'habileté de sauvegarder son droit de traduction à la faveur d'arrangements particuliers qu'il aurait pris avec un éditeur russe. Assurément, ces conventions doivent être fort rares. La loi russe ne considère pas qu'il y ait contrefaçon à traduire même les ouvrages publiés en Russie, sauf toutefois les ouvrages scientifiques pour lesquels les auteurs peuvent se réserver le droit exclusif de traduction, à la condition de faire connaître cette réserve dans la première publication et d'en user daus un délai de deux ans à compter du jour où la censure a autorisé la vente de l'ouvrage original. Aussi paraît-il que nos auteurs, comme d'ailleurs les auteurs anglais et allemands, sont traduits à l'envi et que ce commerce forme une branche importante de la librairie russe. M. Yvan Tourgueneff, au congrès littéraire international de 1878, a cherché à excuser la législation de son pays en faisant valoir qu'au point de vue littéraire il n'est pas sur un pied d'égalité avec la France et que par suite les traducteurs ne sont pas en Russie, des brigands mais des pionniers de la civilisation. La plupart des traducteurs russes sont, paraît-il, des jeunes gens qui n'ont que cela pour vivre, et le gouvernement qui les persécute volontiers serait heureux d'avoir un prétexte aussi avouable que la défense de la propriété du droit de traduction pour frapper cette classe peut-être un peu turbulente (1). Ces considérations peuvent toucher sans convaincre. La Russie, comme aussi les Pays-Bas, auraient pu cependant, sans causer grand préjudice à leurs nationaux, insérer dans leurs conventions avec la France les clauses contenues dans les traités conclus avec les autres pays ; cela ne les aurait pas engagés beaucoup, car, nous allons voir que l'auteur est soumis à la nécessité

(1) *Comptes rendus*, p. 330, 331, 335.

de publier lui-même une traduction, dans des conditions qui restreignent beaucoup la concession de ce droit.

Au point de vue du droit de traduction nous pouvons diviser les conventions qui s'en occupent en deux groupes principaux. Les unes font à la traduction une situation différente de celle qu'elles accordent à l'ouvrage original, ce sont les plus nombreuses ; les autres d'une manière générale assimilent la traduction à l'ouvrage original, quant à la durée de la jouissance, mais pas toujours quant aux conditions pour en jouir.

Les conventions qui composent le premier groupe distinguent toutes entre les ouvrages qui paraissent par volumes et ceux qui sont édités en livraisons.

La durée de la jouissance accordée aux traductions publiées par volumes dans ce premier groupe a deux fixations différentes, cinq et dix ans. Les conventions que nous avons avec la Grande-Bretagne, le Luxembourg, et le Portugal accordent à l'auteur sur la traduction qu'il a faite de son ouvrage un droit de jouissance exclusive, qui dure cinq ans. Mais le point de départ de ce délai n'est pas le même dans chacune de ces conventions. Il part du jour de la première publication de la traduction d'après nos conventions avec la Grande-Bretagne et le Portugal, tandis que d'après notre convention avec le Luxembourg, il part de la première publication de l'ouvrage original.

Nos conventions avec la Belgique et la Suisse protègent la traduction faite par l'auteur de l'ouvrage original pendant dix années, la première à partir de la publication de l'ouvrage original, la seconde du jour où la dé-

claration d'enregistrement aura été effectuée conformément à l'article 3 pour l'ouvrage original, c'est-à-dire
au plus tard trois mois après la publication de cet ouvrage.

Cette protection de cinq et dix ans n'est acquise
qu'autant que la traduction a paru dans des délais déterminés et généralement critiquables pour leur extrême
brièveté. Dans nos conventions avec l'Angleterre, le
Luxembourg et le Portugal, la traduction doit avoir paru
au moins en partie dans le délai d'un an et en totalité
dans celui de trois ans. Le point de départ de ces nouveaux délais est placé par notre convention avec l'Angleterre au jour, à la date de l'enregistrement et du
dépôt de l'original et par celle que nous avons avec le
Portugal au moment de la déclaration qui concerne cet
ouvrage, ce qui est le même point de départ, puisque
l'enregistrement, d'après la convention franco-portugaise, se fait sur la déclaration des intéressés. Ce point
de départ n'est pas le même dans la convention que
nous avons passée avec le Luxembourg; cette convention le place à la date de la publication de l'œuvre originale.

Dans les conventions franco-belge et franco-suisse, il
n'y a plus pour traduire qu'un délai maximum, la traduction doit avoir paru en totalité dans le délai de trois ans.
Quant au point de départ de ce délai la convention
franco-belge le place au jour de la publication de l'ouvrage original et la convention franco-suisse à peu près
au même moment, le jour où la déclaration d'enregistrement de l'ouvrage original a été effectuée, c'est-à-dire

comme nous l'avons déjà fait observer, au plus tard trois mois après la publication de cet ouvrage.

Nous avons déjà signalé la critique qu'on peut faire sur l'insuffisance de ces délais divers. Nous pouvons ajouter qu'ils sont trop variables et compliquent la situation des auteurs qui veulent se réserver le droit de traduction. Mais nos critiques ne sauraient êtres trop sévères pour les points de départ de ces délais. Leur diversité si arbitraire ne peut d'abord manquer de jeter la confusion dans l'esprit, ensuite, c'est le reproche le plus grave que nous avons à faire, ils arrivent dans certains cas à diminuer encore le temps de la jouissance pourtant déjà si court en lui-même. Cela se produit lorsque le point de départ du délai accordé à l'auteur pour traduire est le même que celui du temps pendant lequel l'auteur jouit de sa traduction. Ainsi, comme il est facile de s'en assurer, notre convention avec le Luxembourg place le point de départ de chacun de ces deux délais à la date de la publication de l'œuvre originale. Il en est de même de notre convention avec la Belgique. De même dans notre convention avec la Suisse, chacun de ces deux délais court du jour de la déclaration d'enregistrement de l'ouvrage original.

Le délai accordé pour traduire empiète donc dans ces conventions sur celui réservé à la jouissance et le diminue d'autant. On accorde à l'auteur jusqu'à trois ans pour traduire, sans lui laisser le temps de recueillir le fruit de son travail. L'auteur doit donc se presser de donner une traduction médiocre, à moins que, découragé d'avance, ne trouvant pas d'éditeur pour un droit insignifiant, il n'abandonne la réserve dérisoire que la convention fait à son profit. Il y a par suite toujours quelqu'un qui souffre de cet état de choses, quand ce n'est pas l'auteur; c'est la société qui est inondée de mauvaises traductions, ce résultat est vraiment fâcheux. Il est surtout sensible dans la convention franco - luxembourgeoise.

Nos deux conventions avec l'Angleterre et le Portugal n'encourent pas du moins ce reproche, puisque dans l'une et l'autre la durée de la jouissance accordée à l'auteur sur sa traduction ne commence que du jour où cette traduction a paru, nous avons vu dans quels délais.

Des formalités diverses sont exigées de la part de l'auteur qui veut s'assurer le droit de traduction. Les cinq conventions que nous étudions en ce moment exigent toutes que l'auteur indique en tête de son ouvrage son intention de se réserver ce droit. Mais outre cette réserve, qui est seule exigée par les conventions franco - luxembourgeoise et franco-belge, celles que nous avons avec l'Angleterre, le Portugal et la Suisse veulent en outre : 1° que l'ouvrage original soit enregistré dans l'un des deux pays sur déclaration faite dans un délai de trois mois à partir du jour de la première publication dans l'autre pays; 2° que la traduction soit publiée dans l'un des deux pays et elle-même enregistrée conformément aux dispositions édictées pour les ouvrages originaux. La convention franco - anglaise exige de plus, le dépôt tant de l'ouvrage original que de sa traduction. Ces conventions imposent donc aux ouvrages traduits, les mêmes obligations qu'aux ouvrages originaux et en outre des obligations spéciales relatives aux délais dans lesquels la traduction doit avoir paru ainsi qu'à la réserve du droit de traduction que l'auteur doit faire en tête de l'ouvrage original.

Nous avons à voir maintenant quelles dispositions ces conventions renferment relativement au droit de traduction au sujet des ouvrages qui sont publiés par livraisons séparées. Dans les conventions qui forment le groupe que nous étudions, on exige uniformément que la déclaration de l'auteur portant qu'il entend se réserver le droit de reproduction soit exprimée dans la première livraison de l'original. En outre, d'après nos conventions avec l'Angleterre, le Luxembourg et le Portugal, en ce qui concerne le terme de cinq ans, et, d'après celle que nous avons avec la Belgique, le terme de dix ans, assigné pour l'exercice du droit privilégié de traduction, chaque livraison est considérée au point de vue de la traduction comme un ouvrage séparé. Aussi, conformément aux dispositions qu'elles contiennent à l'égard des ouvrages ordinaires, la convention franco-anglaise veut que chaque livraison soit enregistrée et déposée dans l'un des deux pays dans les trois mois à partir de sa première publication dans l'autre, et la convention franco-portugaise, que chacune de ces livraisons soit enregistrée dans l'un des deux pays sur la déclaration faite dans les trois mois à partir de sa première publication dans l'autre pays. En considérant chaque livraison comme ouvrage séparé on a voulu éviter que les auteurs puissent à leur fantaisie retarder l'époque à laquelle la traduction doit en être faite et empêcher qu'il leur soit trop facile de tourner les dispositions relatives au droit de traduction notamment en ce qui concerne la durée de la jouissance. On ne pouvait en effet fixer le délai dans lequel toutes les livraisons d'un ouvrage devraient avoir paru. Auteurs et libraires auraient donc pu, sans cette précaution, tirer les choses en longueur, et disposer long-temps du droit de traduction à l'égard de chaque livraison sauf toutefois de la dernière.

« Pour les ouvrages publiés par livraisons, dit sim-plement la convention franco-suisse, il suffira que la déclaration de l'auteur portant qu'il entend se réserver le droit de traduction soit exprimée dans la première livraison. » Cette convention ne contient rien de plus, les livraisons à ses yeux ne sont donc pas des ouvrages séparés. Les délais courent donc, surtout pour la der-nière livraison, du jour de la déclaration d'enregistrement de l'ouvrage original, c'est-à-dire, nous le répétons en-core, au plus tard trois mois après sa publication com-plète. Les dangers que nous signalions tout à l'heure sont donc à craindre ici. Les prescriptions de la conven-tion peuvent être tournées. Remarquons à propos de la convention franco-suisse que les auteurs français qui exercent leurs droits en Suisse ne sont soumis à au-cun enregistrement ni pour l'ouvrage original ni pour la traduction. L'article 18 déroge sur ce point aux ar-ticles 3 et 6. On se rappelle en effet que la convention franco-suisse ne protège en France les ouvrages parus en Suisse qu'autant qu'ils ont été enregistrés soit à Paris au ministère de l'Intérieur, soit à Berne à l'ambassade française et que pour les ouvrages parus en France la protection qui leur est accordée en Suisse n'est soumise à aucune condition particulière à l'égard des auteurs français. Pour déterminer le point de départ des délais dans lesquels la traduction doit être faite et la jouissance de cette traduction assurée, qu'il s'agisse d'ouvrage paraissant en une fois ou en livraisons successives, il faut donc de toute nécessité s'en référer à la date de la publication de l'ouvrage original.

Nous voici arrivés au second groupe que nous avons annoncé. Il comprend les conventions que la France a conclues avec l'Italie, l'Autriche, leSalvador et l'Espagne. Ces conventions assimilent la traduction à l'ouvrage original. Maistoutes ne le font pas également. Les deux dernières ne font aucune distinction. Tandis que dans les conventions franco-italienne et franco-autrichienne on exige que la traduction ait paru dans un délai déterminé et on distingue entre les ouvrages publiés en une fois et ceux publiés par livraisons.

La convention que nous avons conclue avec l'Italie le 20 juin 1862 s'exprime ainsi, article 3 : « La traduction faite dans l'un des deux États d'un ouvrage publié dans l'autre État est assimilée à sa reproduction et comprise dans les dispositions de l'art clc 1'', pourvu que l'auteur, en faisant paraître son ouvrage, ait notifié au public qu'il entend le traduire lui-même et que sa traduction ait été publiée dans le délai d'un an à partir de la publication du texte original. » Cette convention, quant à la durée assimile la traduction à l'ouvrage original ; en ce sens, elle est préférable aux conventions que nous avons étu-

diées jusqu'ici. Mais on peut lui faire le grave reproche
de n'accorder à l'auteur pour exécuter sa traduction
qu'un délai beaucoup trop insuffisant ; aussi nous ne
pouvons nous empêcher de remarquer avec M. Renault
qu' « on dirait vraiment que les négociateurs des traités n'ont guère songé qu'aux œuvres de circonstance ou
aux romans qu'il faut traduire dès les premiers temps
de la publication originale, parce que le souvenir s'en
perd facilement (1). »

L'article 4 complète l'article 3 ; « Afin de pouvoir constater d'une manière précise dans les deux États le
jour de la publication d'un ouvrage, on se règlera sur
la date du dépôt qui en aura été opéré dans l'établissement public préposé à cet effet. Si l'auteur entend
réserver son droit de traduction, il en fera la déclaration en tête de son ouvrage et mentionnera à la suite de
cette déclaration la date du dépôt. — A l'égard des ouvrages qui se publient par livraisons, il suffira que cette
déclaration de l'auteur soit faite dans la première livraison. Toutefois le terme fixé pour l'exercice de ce droit
ne commencera à courir qu'à dater de la publication de
la dernière livraison, pourvu d'ailleurs qu'entre les deux
publications il ne s'écoule pas plus de trois ans. — Relativement auxdits ouvrages publiés par livraisons, l'indication de la date du dépôt devra être apposée sur la
dernière livraison, à partir de laquelle commence le délai
fixé pour l'exercice du droit de traduction. » Cet article
parle d'un dépôt. La convention franco-italienne est cependant une de celles qui ne mettent aucune condition

(1) Renault, *Journal de droit international privé*, 1878, p. 471.

à la protection qu'elles accordent aux ouvrages étrangers. Il s'agit donc du dépôt qui est exigé de la part des auteurs dans leurs pays respectifs. En effet en Italie un dépôt de trois exemplaires et une déclaration doivent être faits entre les mains du préfet de la province. En France un dépôt de deux exemplaires est nécessaire pour pouvoir intenter une action, mais ce dépôt n'est pas nécessaire pour acquérir la propriété de l'ouvrage. Il est par suite fort irrégulièrement fait et manque de précision suffisante pour déterminer le jour de la publication d'un ouvrage littéraire ou scientifique. Mais il ne faut pas oublier que le dépôt auquel l'imprimeur est tenu en vertu de l'ordonnance du 9 janvier 1828 est plus exactement accompli et que la Cour de cassation admet qu'il profite à l'auteur. La jouissance de l'auteur sur sa traduction ne commence qu'à dater de la publication de la dernière livraison, mais pour que le point de départ du délai pendant lequel la jouissance de cette traduction appartient à l'auteur ne soit pas indéfiniment reculé la convention avertit qu'il ne doit pas s'écouler plus de trois ans entre la publication de la dernière livraison du texte original et la première de la traduction.

On a déjà dû remarquer dans cette convention une singulière inconséquence. Il est plus avantageux au point de vue de la traduction de publier un ouvrage par livraisons plutôt qu'en une fois. Car pour traduire dans ce dernier cas on n'a qu'un délai d'un an au plus, tandis qu'on en a un de trois au moins dans le premier. Entre un an et trois ans il y a un fort écart. Nous avons déjà

signalé une particularité semblable, mais moins évidente
dans la convention franco-suisse.

Une disposition analogue à celle que nous venons de
rencontrer dans la convention franco-italienne se retrouve dans la convention que nous avons conclue avec
l'Autriche le 11 décembre 1866. Article 5: « l'auteur de
tout ouvrage publié dans l'un des deux pays jouira de
la même protection que les auteurs nationaux contre la
publication dans l'autre pays de toute traduction du
même ouvrage non autorisée par lui, sous la condition
toutefois, d'avoir indiqué en tête de son ouvrage, son
intention de se réserver le droit de traduction. — Pour
les ouvrages publiés par livraisons, il suffira que la déclaration de l'auteur, qu'il entend se réserver le droit de
traduction, soit exprimée sur la première livraison de
chaque volume. » Les traductions sont donc encore ici
assimilées aux ouvrages originaux. Les auteurs jouissent
des uns et des autres pendant le même temps. Cette
convention semble même plus généreuse que la convention franco-italienne en ce qu'elle ne fixe pas de délai
dans lequel la traduction doit être exécutée. Cependant,
comme on l'a vu, les conventions ne dispensent pas
d'invoquer les lois étrangères. Les droits des auteurs
à l'étranger sont compris entre ces deux limites : pas
plus de droits que n'en accorde le pays d'origine, pas
plus de droits que n'en ont les nationaux. Or la législation autrichienne exige que l'auteur se réserve expressément son droit de traduction en tête de son ouvrage
et qu'il fasse usage de cette réserve avant qu'il se soit
écoulé une année depuis que l'ouvrage original a été

publié. Cette restriction s'impose aux auteurs français qui exercent leurs droits d'auteurs en Autriche, comme elle atteint les auteurs autrichiens en France.

Relativement aux droits de traduction des œuvres de littérature et de science, il ne nous reste plus à voir que les dispositions comprises dans les conventions que nous avons signées avec le Salvador et avec l'Espagne.

Il nous suffit de transcrire l'article 5 de la convention que nous avons avec le Salvador : « Les nationaux de l'un des deux pays, auteurs d'ouvrages originaux, auront le droit de s'opposer à la publication, dans l'autre pays, de toute traduction de ces ouvrages qui n'aurait pas été autorisée par eux, et ce, pendant tout le temps accordé à la jouissance du droit de propriété littéraire sur l'ouvrage original, la publication d'une traduction non autorisée étant de tous points assimilée à la réimpression illicite de l'ouvrage. »

Une disposition semblable est inscrite dans la convention franco-espagnole, article 3 : « Les auteurs de chacun des deux pays jouiront, dans l'autre pays, du droit exclusif de traduction sur leurs ouvrages pendant toute la durée qui leur est accordée par la présente convention pour le droit de propriété sur l'œuvre en langue originale, la publication d'une traduction non autorisée étant de tous points assimilée à la réimpression illicite de l'ouvrage. »

Ces deux conventions réalisent le vœu exprimé par le congrès littéraire international de 1878. Il est désirable que les traités internationaux réservent à l'auteur le droit exclusif d'autoriser la traduction de son œuvre, car si le droit de traduction n'est pas énergiquement protégé

dans tous les pays, les auteurs ne jouiront jamais à
l'étranger que de droits insignifiants. La protection qu'on
accorderait à la traduction serait d'ailleurs fort légitime.
Nous ne voyons pas entre la traduction et l'œuvre originale assez de différence pour ne pas considérer la
première comme une reproduction de la seconde. La
jurisprudence française admet notre système. Notre
législation ne s'explique pas sur la nature de la traduction et certains auteurs doutent par suite qu'elle en
fasse une contrefaçon. La jurisprudence déclare néanmoins la traduction interdite aussi longtemps que la
reproduction de l'original.

Le protocole de clôture de la convention du 16 juin
1880 conclue avec l'Espagne contient un article qui règle
les effets de la convention nouvelle relativement à la
traduction des ouvrages encore protégés sous l'empire
de la convention précédente. Article 2 : « En ce qui concerne le droit de traduction des ouvrages dont la propriété sera, au moment de la mise en vigueur de la
présente convention, garantie encore par la convention
de 1853, la durée de ce droit que cette dernière convention limitait à cinq années, sera prorogée de la même
manière que pour les ouvrages en langue originale et
comme il est dit au troisième alinéa de l'article 9, dans
le cas où le délai de cinq années ne serait pas encore
expiré au moment de la mise en vigueur de la nouvelle
convention, ou bien si, ce délai étant expiré, il n'a
paru, depuis, aucune traduction non autorisée. Dans le
cas où une traduction non autorisée aurait paru depuis
l'expiration dudit délai de cinq années et avant la mise

en vigueur de la nouvelle convention, la publication des
éditions successives de cette traduction ne constitue pas
une contravention ; mais il ne pourra être publié d'autres
traductions sans le consentement de l'auteur ou de ses
ayants droits, pendant la durée fixée pour la jouissance
de la propriété en langue originale. »

Cet article assure aux traductions encore protégées
par la convention précédente le 16 juin 1880, le bénéfice
de la nouvelle convention, c'est-à-dire qu'il les assimile
aux ouvrages originaux et accorde à leur jouissance
une durée aussi longue qu'à ces derniers. Mais l'article
va plus loin : si les traductions ne sont plus protégées,
mais si l'ouvrage original l'est encore, il fait revivre le
droit de traduction et lui donne la même durée qu'à
l'ouvrage original. La convention franco-espagnole assimile désormais les traductions et l'ouvrage traduit en
faveur de l'auteur ; elle a voulu donner satisfaction au
principe nouveau qu'elle proclame, même dans le passé
et protéger la traduction si elle protégeait l'original ;
elle n'a pas voulu diviser sa protection, considérant
que ces deux ouvrages n'en forment qu'un et qu'il
faut les protéger tous deux lorsqu'on en protège
encore un. La convention franco-espagnole a donc au
point de vue du droit de traduction un véritable effet rétroactif, elle fait renaître des droits éteints. Mais des
réserves sont faites pour ne pas léser les droits qui ont
pu légitimement prendre naissance depuis l'expiration
de ceux de l'auteur. Il faut remarquer que le droit de
traduction n'est pas rendu à l'auteur qui l'avait perdu
par suite de déchéance, par exemple en ne faisant pas

de réserve formelle en tête de l'ouvrage original, ou en ne publiant pas la traduction dans le délai de trois ou six mois, comme l'exigeait la convention de 1853. Le protocole de clôture de la nouvelle convention en ne parlant que de l'expiration du délai de cinq ans qui était accordé à l'auteur pour jouir de sa traduction suppose que toutes les formalités légales ont été accomplies. Dès lors il est impossible d'appliquer à l'auteur déchu de ses droits une disposition qui ne s'applique qu'à l'auteur dont les droits sont éteints. Nous voyons donc que, relativement aux traductions, la convention franco-espagnole du 16 juin 1880 ne s'occupe pas de maintenir purement et simplement les effets de la convention antérieure, ainsi que le font la plupart des conventions qui ont été renouvelées.

2° *Représentation*

Nous avons réservé le droit de traduction qui peut appartenir à l'auteur sur un ouvrage dramatique, car la plupart des conventions le règlent à part. Nous allons voir quelle est la mesure de la protection qui est accordée à ce droit et les conditions mises à cette protection.

Les conventions que nous avons avec l'Espagne et le Salvador sont les plus généreuses; elles assimilent les ouvrages dramatiques aux autres ouvrages aussi bien pour la représentation que pour la publication en traduction.

La convention franco-autrichienne assimile également les œuvres dramatiques aux autres œuvres, publication et représentation. Aucun délai n'est prescrit par la convention pour effectuer la traduction. Mais nous avons vu que la loi autrichienne exige que la traduction ait paru dans le délai d'un an, depuis l'apparition de l'ouvrage original. La durée de la jouissance qui appartient à l'auteur sur sa traduction est la même que celle qu'il a sur l'ouvrage traduit.

La convention du 29 juin 1862 que nous avons avec l'Italie ne s'occupe également que du délai dans lequel doit paraître la traduction : « Pour obtenir, dit l'article 6 de cette convention, la garantie exprimée dans le présent article, en ce qui touche la représentation ou exécution en traduction d'une œuvre dramatique ou musicale, il faut que dans l'espace de six mois après la publication ou la représentation de l'original dans l'un des deux pays, l'auteur en ait fait paraître la traduction dans la langue de l'autre pays. »

Les autres conventions qui s'occupent de ce droit n'accordent que trois mois pour exécuter la traduction.

La convention franco-suisse et la convention franco-belge exigent de l'auteur qui veut jouir du droit de traduction de l'ouvrage dramatique et du droit de représentation de cette traduction, qu'il fasse paraître ou représenter sa traduction dans les trois mois qui suivront la publication ou la représentation de l'ouvrage original. Quant à la durée de la jouissance, elle ne diffère pas pour les œuvres dramatiques de ce qu'elle est pour la traduction des autres œuvres. Il faut remarquer que cette disposition des conventions franco-suisse et franco-belge s'applique à la fois à la publication et à la représentation des œuvres dramatiques.

D'après la convention franco-portugaise, pour jouir du

droit de publication sur la traduction des ouvrages originaux et du droit de représentation ou traduction de ces mêmes ouvrages, l'auteur doit publier sa traduction ou la faire représenter dans un délai de trois mois, qui court de l'enregistrement de l'ouvrage original. « Relativement à la traduction des ouvrages dramatiques, expose l'article 5, dernier paragraphe, l'auteur de l'ouvrage publié dans l'un des deux pays qui voudra se réserver le droit exclusif dont il s'agit au présent article, et celui de faire représenter sa traduction sur les théâtres de l'autre pays, pendant la période de cinq années, devra publier sa traduction dans l'idiome de l'autre pays ou le faire représenter sur un théâtre de ce même pays, dans les trois mois à compter de la déclaration faite aux termes de l'article 2. » Ainsi la durée de la jouissance sur la traduction des ouvrages dramatiques dure cinq ans, comme pour la traduction des autres ouvrages. Les délais pour traduire sont seuls modifiés. En outre, les dispositions relatives à la traduction des ouvrages dramatiques s'appliquent au droit de publication comme au droit de représentation.

Relativement à la traduction des ouvrages dramatiques, la convention franco-anglaise nous dit que, « pour avoir droit à la protection légale en ce qui concerne la traduction d'un ouvrage dramatique, l'auteur devra faire paraître sa traduction trois mois après l'enregistrement et le dépôt de l'ouvrage original. » (Art. 4.)

La convention que nous avons conclue le 18 décembre 1865 avec le Luxembourg ne s'occupe que du droit de représentation, si ce n'est pour les ouvrages originaux.

(Art. 4.) Il s'ensuit donc que les représentations en traduction ne sont pas protégées.

Les conventions que nous avons avec les Pays-Bas et avec la Russie ne protégeant pas la représentation des œuvres dramatiques en texte original, ne sauraient accorder aucune protection à la représentation en traduction de ces ouvrages. Nous avons vu en outre que dans ces pays le droit de traduction n'est pas réservé à l'auteur.

En résumé, relativement à la traduction des ouvrages dramatiques, les conventions ne dérogent aux dispositions générales qu'elles posent pour les traductions des œuvres littéraires, scientifiques et artistiques, qu'au point de vue des délais qu'elles accordent à l'auteur pour exécuter la traduction. Quant au droit de jouissance qui peut appartenir à l'auteur sur ses ouvrages, il reste le même, qu'il s'agisse de la traduction d'une œuvre dramatique ou de la traduction d'une œuvre littéraire. En second lieu, certaines conventions ne s'occupent de la traduction des œuvres dramatiques qu'à l'égard du droit de représentation. Mais les conventions que nous avons avec le Portugal, avec l'Autriche, avec la Belgique, avec la Suisse, dérogent aux règles ordinaires qu'elles posent relativement à la traduction, même lorsqu'il s'agit de la publication des ouvrages dramatiques ; elles assimilent à leur égard le droit de publication au droit de représentation. Il en résulte que, d'après ces conventions, l'auteur qui veut se réserver le droit de publier la traduction d'ouvrages dramatiques, doit faire paraître sa traduction dans un délai plus restreint encore que lorsqu'il s'agit d'œuvres littéraires et scientifiques.

Disons un mot de la traduction des ouvrages dramatiques représentés antérieurement à la mise en vigueur des conventions. Nous avons vu que quelques conventions ne protègent pas la représentation en langue originale des ouvrages parus avant leur mise en vigueur, à plus forte raison ne protègent-elles pas la représentation en traduction de ces ouvrages. La convention franco-portugaise contient des dispositions toutes contraires ; elle permet librement les représentations en traduction, mais réserve à l'auteur le droit de donner des représentations en langue originale. Nous l'avons dit maintes fois, c'est laisser peu de chose à l'auteur, la traduction pouvant seule faire connaître les ouvrages littéraires à l'étranger. Nous avons également signalé la différence injustifiable que les conventions mettent entre la reproduction par l'impression et la reproduction par la représentation. Terminons en disons que les conventions franco-luxembourgeoise, franco-autrichienne et franco-suisse, pour refuser à l'auteur son droit exclusif sur la représentation en traduction de son ouvrage, ne s'en tiennent pas à la représentation antérieure à leur mise à exécution ; elles sont plus rigoureuses. Il leur suffit que l'ouvrage dramatique ait été publié avant qu'elles ne fussent exécutoires pour que la représentation en soit permise.

On a prétendu que le droit de traduction ne devait jamais appartenir à l'auteur, mais que tout le monde devait pouvoir l'exercer. Cette proposition a été faite au Congrès de Bruxelles en 1858, par les délégués des imprimeurs hollandais. Ce système ne laisse à l'auteur que la jouissance de l'œuvre originale, « et le profit des lecteurs pour lesquels il a écrit, et qu'il a désignés par la langue même qu'il a employée (1) ».

Cette opinion a encore été soutenue au congrès littéraire international de 1878 : « Si l'auteur d'un livre de science peut exiger que son traducteur le paye, disait un orateur, vous défendrez que ces pays-là aient une science (2). » M. Renault fit justement remarquer qu'il y avait là une exagération résultant d'une confusion et qu'on pouvait reconnaître un droit à l'auteur sur la traduction, sans condamner les peuples dont la civilisation est en retard à une éternelle barbarie.

« Les intérêts que l'on veut défendre ne sont pas en danger, disait-il, Il n'y a de propriété que sur la forme et non sur l'idée. Quand il s'agit d'une œuvre littéraire ou artistique, il est évident que ce ne serait pas grand chose que de reproduire l'idée. Mais quand il s'agit d'une œuvre scientifique, rien n'empêche de raconter les découvertes scientifiques, mathématiques qu'elle expose. Ce qui est interdit, c'est de reproduire la forme que l'auteur a donnée à son exposé. Quant à la découverte, rien ne vous empêchera de la reproduire (3). »

Nous l'avons déjà dit, nier le droit de l'auteur sur la traduction de son ouvrage, c'est lui retirer au point de vue international l'avantage le plus réel qu'il puisse avoir, puisque entre deux pays qui ne parlent pas la même

(1) Mémoire présenté au congrès de Bruxelles par les délégués des imprimeurs hollandais.
(2) *Comptes rendus* du congrès littéraire international de 1878, p. 347.
(3) *Comptes rendus* du congrès littéraire international de 1878, p. 347.

langue, la traduction est le seul mode qui leur permette de communiquer.

Les résolutions des congrès de 1858 et de 1878 marquent au point de vue du droit de traduction les progrès qui se sont accomplis dans les idées en faveur des auteurs. Tandis que le premier de ces congrès n'accordait à l'auteur que pendant dix ans, à partir de la publication de la traduction, le droit exclusif de traduire ou de faire traduire son œuvre dans toutes les langues, à la condition d'exercer ce droit avant l'expiration de la troisième année de la publication de l'œuvre originale, ajoutant que si, à l'expiration de la troisième année, l'auteur n'a pas fait usage de son droit, chacun pourra l'exercer concurremment, excepté dans le pays d'origine, les congrès littéraire et artistique de 1878 exprimaient l'un et l'autre le vœu que la législation intérieure et les traités internationaux réservassent à l'auteur le droit exclusif d'autoriser la traduction, l'adaptation, l'imitation ou l'arrangement de son œuvre sans en restreindre la durée.

Cette solution est équitable et logique, surtout quand on voit dans le droit des auteurs un droit exclusif se rapprochant du droit de propriété comme l'ont admis les congrès de 1878. On ne peut disposer d'une chose et lui faire subir des transformations sans le consentement du propriétaire : il semble donc qu'on ne doit pas pouvoir traduire librement l'œuvre d'autrui. A cette considération théorique, mais très puissante, s'en ajoute une d'un autre ordre. La réputation d'un auteur est intéressée à ce que la traduction soit à la hauteur de l'ouvrage original, il en résulte qu'il ne faut pas que chacun puisse compromettre imprudemment un nom qui ne lui appartient pas.

§ IV. — Dispositions diverses

Nous allons signaler rapidement les dispositions que contiennent encore les conventions relativement à des questions diverses.

La convention franco-anglaise du 3 novembre 1851 est aujourd'hui la seule qui contienne un tarif particulier pour les droits à acquitter, à raison de l'importation dans l'un des deux pays contractants des livres, œuvres de musique, gravures, dessins publiés dans l'autre. Ce tarif ne s'applique qu'aux ouvrages français introduits en Angleterre. Il est dit d'ailleurs dans la convention que si le taux fixé est réduit eu faveur d'un autre pays, cette réduction s'étendra aux objets similaires publiés en France. (Article 10.)

Tout au contraire, d'après les conventions que nous avons avec l'Italie, article 12, le Luxembourg, article 13, le Portugal, article 14, l'Autriche, article 12, et la Belgique, article 11, les productions mentionnées dans les conventions sont réciproquement admises en franchise de droit tant à l'entrée qu'au transit direct ou par entrepôt. Les conventions franco-luxembourgeoise, franco-portugaise et franco-autrichienne n'exigent pas le certificat d'origine, et sauf la convention franco-portugaise, parmi les cinq que nous venons de citer, toutes les autres prennent soin d'indiquer les bureaux d'impor-

tation français et étrangers où les livres seront reçus.
Dans la convention franco-italienne, dans la convention
franco-belge et aussi dans la convention franco-suisse,
on prend une précaution particulière pour protéger les
auteurs contre la contrefaçon. Voici l'article 11 de la
convention franco-belge: « Si les intéressés le désirent,
les livres déclarés à l'entrée seront expédiés directe-
ment en France au ministère de l'Intérieur, et en Belgique à l'entrepôt de Bruxelles, pour y subir les vérifica-
tions nécessaires qui auront lieu, au plus tard, dans le
délai de quinze jours. » Telles sont les mesures de sur-
veillance organisées aux frontières.

Nous copions dans la convention franco-portugaise du
11 juillet 1866, l'article 13 relatif au droit de surveil-
lance et de police qu'on retrouve à peu près textuellement dans toutes les conventions : « Les dispositions
de la présente convention ne pourront porter préjudice
en quoi que ce soit au droit que se réserve expressément chacun des deux États de permettre, surveiller et
interdire, par des mesures de législation et de police
intérieure, la circulation, la représentation ou l'exposition de tels ouvrages ou productions sur lesquelles il
jugera convenable de l'exercer. » Ces réserves étaient
inutiles à faire; ce n'est, en effet, qu'autant que les lois
des pays étrangers autorisent la publication d'un ouvrage
qu'il peut y être protégé. Les conventions ne sauraient
porter atteinte à l'ordre public dans un pays.

La plupart des conventions contiennent encore une autre
disposition que nous transcrivons de la convention franco-
belge : « Art. 12. Chacune des deux hautes parties contrac-

tantes conserve d'ailleurs le droit de prohiber l'importation dans ses propres États, des livres, qui d'après ses lois intérieures ou des stipulations souscrites avec d'autres puissances, sont ou seraient déclarés être de contrefaçon. » Cette disposition se trouve en particulier dans les conventions que nous avons avec les Pays-Bas et avec la Russie. Nous avons vu que ces conventions ne réglaient pas le droit de traduction. La traduction d'un livre français est donc licite dans ces deux pays, mais l'article que nous venons de citer s'oppose à ce que cette traduction, qui est illicite en France puisse y être introduite.

Nous savons que pour déterminer exactement quelle est la situation respective des auteurs de tous pays, il est nécessaire de connaître la législation du pays auquels ils appartiennent. Ainsi, on lit dans beaucoup de conventions un article ainsi libellé : « Pour faciliter l'exécution de la présente convention, les deux hautes parties contractantes s'engagent à se communiquer mutuellement les lois et règlements qui pourront être ultérieurement établis dans les États respectifs, à l'égard des droits d'auteurs, pour les ouvrages et reproductions protégés par les stipulations de la présente convention. »

Une convention, celle que nous avons avec le Salvador, n'a pas de durée fixe, elle continuera ses effets jusqu'à ce qu'elle ait été dénoncée par l'une ou par l'autre des parties contractantes et pendant une année encore après sa dénonciation. Les autres conventions ont, en général, une durée de six ans, dix ans ou douze ans ; mais leurs effets se continuent toujours jusqu'à ce qu'elles aient été dénoncées par l'une ou l'autre des parties contractantes et même une année encore après qu'elles ont été dénoncées.

La plupart des conventions contiennent cette clause : « Les hautes parties contractantes se réservent la faculté d'apporter, d'un commun accord, à la présente convention touteamélioration oumodification dont l'expérience aurait démontré l'opportunité. » C'était inutile à dire. Il certain que les volontés qui se sont accordées pour conclure les conventions peuvent toujours s'entendre pour les modifier. La dernière convention que nous avons avec la Suisse contient une dérogation à ce principe qu'une convention ne peut être détruite que par l'accord des volontés qui l'ont formée : « Art. 34. — Toutefois chacune des hautes parties contractantes se réserve le droit de dénoncer la présente convention avant le 1er février 1892, si, dans le territoire de l'une ou de l'autre partie, la législation venait à être modifiée de manière à faire désirer une revision ; cette dénonciation produira ses effets douze mois seulement après la date de sa notification. »

Plusieurs conventions littéraires étaient liées au sort de traités de commerce, à l'aide desquels on les avait fait accepter. Ça n'a pas été sans sacrifice que notre gouvernement est parvenu à signer les premières conventions littéraires, nous l'avons vu. Il a dû faire des concessions dans les traités de commerce pour atteindre ce but. On aperçoit sans peine les conséquences d'une pareille conduite, qui, nous le reconnaissons, était nécessaire à l'origine. On liait l'un à l'autre deux traités d'esprit très différent qui ne peuvent subir les mêmes influences : les conventions littéraires ont pour but de faire

reconnaître un droit, les traités de commerce règlent des
intérêts que les circonstances rendent très variables. Il
peut donc être nécessaire de modifier ces derniers sans
qu'il soit utile de toucher aux premiers. Heureusement
nous n'avons plus actuellement qu'une convention littéraire dans cette situation, c'est notre convention avec
les Pays-Bas, du 29 mars 1855. « Art. 11. — La présente
convention restera en vigueur jusqu'au 25 juillet 1859.
Après cette époque, elle suivra le sort du traité de commerce et de navigation signé à Paris, le 25 juillet 1840,
de telle sorte qu'elle sera censée être dénoncée lorsque
l'une des parties aura annoncé à l'autre, conformément
aux conditions posées par l'article 15 de ce traité, son
intention d'en faire cesser les effets. »

Nous devons faire ici une observation qui ne manque
pas d'importance. Nous avons cru devoir analyser la
convention que nous avons signée le 29 mars 1855 avec
les Pays-Bas, mais nous pensons qu'en conséquence de
l'article que nous venons de citer elle a cessé aujour-
d'hui d'exister. Le traité de commerce et de navigation
du 25 juillet 1840 a en effet cédé la place à celui du
6 juillet 1865. Or ce nouveau traité ne s'occupe pas des
œuvres de littérature qui suivaient, comme on vient de
le voir, le sort du premier. Il résulte donc fatalement de
cet oubli, que justifient un peu les différences qui séparent les matières littéraires et artistiques des matières
commerciales, que depuis la signature du traité de 1865
les œuvres littéraires et artistiques ne sont plus protégées en France et dans les Pays-Bas que par les lois

générales, telle que le décret du 28 mars 1852, c'est-à-dire par les lois qui constituent le droit commun. Un tel exemple fait comprendre le danger qu'il y a à rendre une convention littéraire solidaire d'un traité de commerce.

Le congrès littéraire international de 1878 a émis dans son numéro 3 le vœu que désormais les conventions relatives à la propriété littéraire et artistique soient indépendantes des traités de commerce sur la proposition de M. Renault, qui s'exprimait ainsi : « Je voudrais proposer au Congrès, disait-il dans la séance du 20 juin 1878, de dire que les conventions littéraires doivent rester indépendantes des conventions commerciales. La France a été obligée de faire quelquefois des sacrifices dans ses traités de commerce pour obtenir la conservation de la propriété littéraire, notamment avec la Belgique, en 1861, avec la Prusse, en 1862, et la Suisse, en 1864. Aujourd'hui que le principe est admis, il faut scinder les deux choses, qui n'ont rien de commun. Quand on fait une convention littéraire, on fait appel aux sentiments de justice et d'équité. Quand on fait un traité de commerce, on fait appel à l'intérêt réciproque. Il n'est pas admissible que le défaut d'entente sur une question commerciale puisse amener l'annulation d'une convention littéraire, ni que ces conventions soient soumises à des délais acceptés dans un but qui leur est étranger. Aujourd'hui il est admis qu'un pays n'est pas obligé de faire un sacrifice pour obtenir le respect d'un droit, il faut qu'en conséquence vous émettiez le vœu que les conventions littéraires seront faites indépendamment des traités de commerce (1). »

Certaines conventions contiennent une clause qui peut avoir pour effet d'en modifier profondément les dispositions même à l'insu des parties. Elle est connue sous le nom de clause de la nation la plus favorisée. Nous l'avons rencontrée dans la convention franco-anglaise à l'article 10, au sujet du taux des droits d'entrée en Angleterre des livres, gravures, dessins, ou ouvrages de musique publiés en France. Nous y lisons en effet : « Si, par la suite, pendant la durée de cette convention, ce taux était réduit en faveur des livres, gravures, dessins ou ouvrage de musique publiés dans tout autre pays, cette réduction s'étendra en même temps aux objets similaires publiés en France.

Dans la convention que nous avons avec l'Italie, cette clause est générale. Le dernier paragraphe de l'article 1er est ainsi conçu : « Tout privilège ou avantage qui serait accordé ultérieurement à un autre pays que l'un des deux pays contractants, en matière de propriété d'œuvres de littérature ou d'art dont la définition est donnée dans le présent article, sera acquis de plein droit aux citoyens de l'autre. » Cette disposition doit s'étendre au droit de traduction, qui appartient à l'auteur, ainsi qu'au droit de représentation ou d'exécution en original ou en traduction des œuvres dramatiques ou musicales. En effet les articles 4 et 6 étendent les bénéfices de l'article 1er à tous ces différents ouvrages. On voit quelles

(1) *Comptes rendus* du congrès littéraire international de 1878, p. 383.

sont les conséquences de cette clause depuis que nous avons conclu avec le Salvador et avec l'Espagne des conventions qui assimilent les œuvres dramatiques aux autres œuvres littéraires, n'exigent aucune espèce d'enregistrement et de dépôt, et ne distinguent pas entre les œuvres originales et leurs traductions relativement aux délais pour traduire et à la durée de la jouissance. C'est surtout à ce dernier point de vue que les auteurs italiens trouveront un immense avantage dans la clause de la nation la plus favorisée. Ils pourront interdire toute traduction et jouir de celle qu'ils auront donnée aussi longtemps que durera leur droit sur l'ouvrage original et cela sans avoir à remplir aucune formalité spéciale. Il faudra également leur autorisation pour reproduire les articles de journaux autres que les articles politiques, alors même qu'ils n'auraient fait aucune réserve à ce sujet. Ce qu'il y a de fâcheux dans ces résultats, c'est qu'ils peuvent nous être opposés par les auteurs italiens sans que nous ayons les mêmes droits à leur égard, à moins que l'Italie n'ait conclu avec un autre pays un traité littéraire plus avantageux dont nous pourrions nous prévaloir à notre tour en vertu de la clause de la nation la plus favorisée de la convention du 29 juin 1862.

La convention franco-espagnole du 16 juin 1880 contient également la clause de la nation la plus favorisée. La loi espagnole sur la propriété intellectuelle du 10 janvier 1879 exigeait qu'il en fût ainsi en vertu du 2° de son article 51 : « Obligation de se traiter mutuellement comme la nation la plus favorisée. » Quelque regrettable que soit toujours cette disposition, ses inconvénients sont beaucoup mcins sensibles dans la convention franco-espagnole que dans toute autre qui serait moins généreuse. C'est en effet la plus libérale que nous ayons conclue jusqu'à ce jour, et on no peut guère espérer que nous puissions en contracter de plus favorable.

Nous lisons encore la même clause dans la convention que nous avons signée le 31 octobre 1881 avec la Belgique, mais elle ne s'applique qu'aux ouvrages originaux compris dans l'article 1er de la convention. Cette clause a été étendue aux traductions et au droit de représentation en traduction des ouvrages dramatiques par une déclaration interprétative du 4 janvier 1882. Ce fut sans doute le résultat des réclamations que firent entendre les gens de lettres qui avaient espéré, depuis la conclusion du traité espagnol du 16 juin 1880, que désormais dans toutes les conventions la reproduction et la traduction seraient assimilées. La convention franco-belge s'était, en effet, contentée de donner à l'auteur une jouissance de dix ans sur sa traduction à partir de la publication de l'ouvrage original sous la seule condition qu'il ait fait paraître sa traduction dans le délai de trois ans à compter de la même date. C'était un progrès sur la convention du 1er mai 1861, qui distinguait les ouvrages dramatiques des autres ouvrages littéraires ne donnant à l'auteur sur la traduction des uns et des autres qu'une jouissance de cinq ans à condition que la traduction des premiers ait paru dans un délai de trois mois, celle des seconds dans un délai d'un an. D'après la déclaration du 4 janvier 1882, « les auteurs et les ayants droit des auteurs de l'un des deux pays auront, dans tous les cas, la faculté d'invoquer dans l'autre pays le bénéfice du traitement de la nation la plus favorisée en ce qui concerne le droit de traductions de leurs ouvrages et le droit de représentation en traduction des ouvrages dramatiques. » Les auteurs belges jouissent donc, en vertu de la convention franco-espagnole, du même droit sur leurs traductions que sur leurs originaux, « la publication d'une traduction non autorisée, dit cette convention, étant de tous points assimilée à la réimpression illicite de l'ouvrage. » D'autre part, les auteurs français peuvent également invoquer relativement à leurs traductions, la clause de la nation la plus favorisée qui est inscrite dans la déclaration interprétative du 4 janvier 1882, en vertu d'une convention signée le 26 juin 1880 entre la Belgique et l'Espagne, d'après laquelle également le droit de traduction est assimilé au droit de reproduction. Les dispositions de l'article 6 du traité franco-belge, signé le 31 octobre 1881 sont donc aujourd'hui lettres mortes, sauf à revivre pourtant le jour où les conventions étrangères seront modifiées dans un sens opposé.

La convention franco-suisse, conclue le 23 février 1882, contient la clause de la nation la plus favorisée, relativement aux œuvres en langue originale comme à celles en traduction. (Art. 1 et 6.) Les droits que cette convention accorde sur la traduction ne sont pas de la même étendue que ceux qu'elle concède sur l'œuvre originale. Les auteurs suisses, peuvent toutefois, invoquer la convention franco-espagnole en vertu de cette disposition de l'article 6 : « Les hautes parties contractantes conviennent,

en outre, que les auteurs suisses ou leurs ayants droit auront, dans tous les cas, la faculté d'invoquer le bénéfice
du traitement de la nation la plus favorisée en ce qui concerne le droit de traduction de leurs ouvrages et le droit de
représentation en traduction des ouvrages dramatiques. »
Il s'ensuit que pour eux la reproduction de leurs traductions est de tous points assimilée à la reproduction de
l'ouvrage original. Il n'y a donc plus égalité de situation
entre les auteurs français et les auteurs suisses. On
peut même dire que, à l'égard du droit de traduction,
la réciprocité n'a jamais existé entre les auteurs des
deux pays, la convention franco-espagnole qui est du
16 juin 1880 ayant dès le principe modifié la convention
franco-suisse.

La clause de la nation la plus favorisée, peut avoir son
intérêt dans un traité de commerce. Il importe, en effet,
à chaque pays qu'aucun autre pays ne soit mieux favorisé dans le tarif douanier d'un État. Il serait à craindre,
en effet, que le développement du commerce de l'un ne
tuât le commerce de l'autre. Mais l'inégalité qu'il peut y
avoir entre les auteurs de deux pays dans la situation
qui leur est faite par les conventions, ne cause aux uns
comme aux autres ni préjudice ni avantage. Qu'importent
les difficultés qu'il peut y avoir à exercer tel ou tel droit,
si ce n'est à l'auteur qui en est la victime. Le tort que
l'on fait aux auteurs de tel pays ne saurait profiter aux
auteurs de tel autre, car il n'y a entre ces auteurs aucune espèce de concurrence. Aussi nous ne pouvons
nous empêcher de condamner l'introduction de la clause
de la nation la plus favorisée dans les conventions lit-

téraires. Elle amène des résultats qu'il est souvent difficile de prévoir d'avance. Il suffit, en effet, de rappeler que cette clause était inscrite dans le traité franco-belge du 1ᵉʳ mai 1861, qui n'accordait aux auteurs dramatiques sur les représentations que des droits dérisoires. Le tarif du traité n'était obligatoire qu'à défaut d'entente entre auteur et directeur de théâtre, mais il est à peine nécessaire de dire que les directeurs n'acceptaient point d'autres conditions. Vers 1866 ou 1867, la Belgique a signé avec le Portugal une convention qui, en vertu de la clause de la nation la plus favorisée, a modifié la situation des auteurs français et cela à l'insu de tout le monde et surtout des auteurs français, qui ne cessaient de faire entendre, contre le tarif obligatoire, d'incessantes réclamations. Il a fallu plus de dix ans pour qu'on s'aperçût du changement. Par un arrêt du 17 mai 1880, la Cour de Bruxelles a jugé que par suite de la clause de la nation la plus favorisée, les Français pouvaient invoquer les dispositions plus favorables qui se trouvent dans les traités conclus par la Belgique avec le Portugal et avec la Suisse. Aujourd'hui la convention franco-belge du 31 octobre 1881, dans son article 4, second paragraphe, ne contient plus que la première partie, d'ailleurs bien inutile du paragraphe deuxième de l'ancien article 4 : « Le droit des auteurs dramatiques ou compositeurs sera perçu d'après les bases qui seront arrêtées entre les parties intéressées (1). »

(1) Voir aussi sur les difficultés relatives à la convention franco-autrichienne du 11 décembre 1866, Delalande, *Bulletin de la société de législation comparée*, 1884, p. 289.

Ajoutons à cette critique de la clause de la nation
la plus favorisée, que cette clause a quelquefois pour
résultat de favoriser les étrangers au détriment des nationaux et qu'elle oblige les auteurs qui veulent connaître l'étendue de leurs droits dans un pays étranger à
étudier toutes les conventions conclues par ce pays.
Ce sont là des conséquences qu'il faut chercher à éviter
dans des traités dont le but est en général d'assurer une
réciprocité complète entre les parties contractantes ou
tout au moins de déterminer d'une manière précise la
situation respective des parties. Cette clause a enfin le
tort fâcheux de mettre des droits qui devraient être sta-
bles à la merci des législations étrangères et de n'être
en un mot qu'un expédient.

APPENDICE

CONVENTION FRANCO-ALLEMANDE DU 19 AVRIL 1883

Nous voici arrivés au terme de la longue analyse que
nous avons consacrée aux conventions littéraires et artistiques internationales que la France a conclues, et nous
n'avons encore fait que mentionner la convention franco-
allemande du 19 avril 1883. Avant de terminer, disons
donc quelques mots de cette convention, la dernière que
nous ayons conclue.

Nous n'avions pas de convention avec l'empire d'Allemagne, des traités avaient été conclus, le 2 août 1862;
avec la Prusse, ce traité n'avait été ratifié que le 1ᵉʳ juillet 1865; le 24 mars 1865 avec la Bavière; il fut étendu à
l'Alsace-Lorraine par la convention additionnelle au traité
de Francfort du 11 décembre 1871; le 24 avril 1865, avec
le Wurtemberg; le 26 mai 1865, avec la Saxe. Beaucoup
d'États allemands avaient accédé à la convention fran-
co-prussienne en vertu de son article 17 : « Le droit
d'accession à la présente convention est réservé à tout
État qui appartient actuellement, ou appartiendra par la
suite au Zollverein. Cette accession pourra se faire par un
échange de déclarations entre les États contractants et
la France. »

Des négociations furent entamées en 1870 par la
France avec la confédération de l'Allemagne du Nord,
afin d'arriver à un nouvel arrangement; elles furent in-

terrompues par les événements politiques. En 1875 nouvelles négociations avec l'empire d'Allemagne. Mais
l'insuffisance de la protection qu'on accordait aux œuvres
littéraires et artistiques empêcha la France de conclure.
Enfin en 1882, l'Allemagne prit elle-même l'initiative de
la reprise des négociations, qui aboutirent cette fois au
traité du 19 avril 1883. Cettte convention est destinée à
remplacer les diverses conventions conclues par la France
avec les États de l'ancienne confédération germanique.
Nous remarquerons en l'analysant qu'elle est loin d'être
aussi satisfaisante que les dernières conventions que
nous avons conclues, non seulement avec l'Espagne
mais encore avec la Belgique. Cette infériorité doit être
attribuée à l'insuffisance de la législation allemande.
Toutefois le nouvel arrangement a réalisé une véritable
amélioration sur les conventions auxquelles elle a été
substituée.

La convention de 1883 protège les œuvres des auteurs
appartenant à des pays tiers qui auraient été publiées
dans l'un des deux États contractants. Elle s'applique aux
œuvres littéraires scientifiques et artistiques, comme
toutes les autres conventions que nous avons sur cette
matière. Mais pour déterminer quelles sont les œuvres
qui rentrent dans cette catégorie, il faut, d'après les principes que nous avons posés, consulter la législation et
la jurisprudence des deux États. C'est conformément à
cette règle que le 3° du protocole de clôture nous dit
que la législation de l'empire allemand ne permet pas de
conprendre les œuvres photographiques au nombre des
ouvrages auxquels s'applique la convention. Un arran-

gement ultérieur doit intervenir entre les deux puissances pour régler dans les deux pays la protection de ces œuvres. Les conventions ne protègent que les œuvres qui sont protégées dans les deux pays contractants.

La convention, article 4, permet la publication sans autorisation des auteurs, d'extraits ou même de morceaux entiers d'ouvrages pourvu qu'elle soit appropriée à l'enseignement, — « ou, ajoute-t'elle, qu'elle ait un caractère scientifique ». Cette dernière disposition est excessive. Il est toujours possible de faire connaître une découverte scientifique sans être obligé de reproduire le texte de l'inventeur.

Signalons encore dans cet article 4 une autre disposition qui peut donner lieu aux plus graves abus. Les chrestomathies sont autorisées, mais on peut y insérer, aussi bien que dans un ouvrage original publié dans l'un des deux pays, un écrit entier de peu d'étendue publié dans l'autre.

Il n'y a d'exception aux dispositions de cet article que pour les compositions musicales : « Les dispositions du présent article, dit le dernier paragraphe, ne sont pas applicables aux compositions musicales insérées dans les recueils destinés à des écoles de musique : une insertion de cette nature sans le consentement du compositeur étant considérée comme une reproduction illicite. » Cette exception nous paraît étrange, et nous ne la comprenons pas. Elle est la condamnation de l'article. Car, si l'on voit pour le musicien un préjudice dans ces insertions, il n'y a pas de raison pour que ce préjudice n'atteigne pas dans les mêmes circonstances l'écrivain ou le savant. Dès lors, pourquoi le faire supporter aux uns et y faire échapper les autres ?

Il est à craindre que les dispositions de l'article 4 ne diminuent la portée de l'article 5 qui interdit la reproduction en original ou en traduction, les romans feuilletons et les articles de science ou d'art.

La convention dans son article 11 s'occupe des droits dits d'éditeur partagé. Les ouvrages auxquels s'applique cette disposition devront porter sur leurs titre et couverture les mots : Édition interdite en Allemagne (en France). L'article 11 ajoute : « Toutefois, ces ouvrages seront librement admis dans les deux pays pour le transit à destination d'un pays tiers. » C'est là, nous l'avons déjà vu dans d'autres conventions, un échec à la loi du 6 mai 1841, qui interdit le transit aux ouvrages contrefaits. Citons enfin le dernier paragraphe de cet article qui en diminue singulièrement la portée : « Les dispositions du présent article ne seront pas applicables à des ouvrages autres que les œuvres musicales ou dramatico-musicales. » Ici apparaît encore cette préoccupation singulière pour les œuvres musicales, que nous avons déjà signalée. Aussi, est-il à peine besoin de dire que les arrangements de musique sont interdits par l'article 6, lorsqu'ils ont été composés sans le consentement de l'auteur.

Les exécutions musicales et les représentations dramatiques et dramatico-musicales sont également protégées par l'article 8.

« Article 7. Pour assurer à tous les ouvrages de littérature ou d'art la protection stipulée à l'article 1er, et pourque les auteurs desdits ouvrages soient jusqu'à preuve contraire considérés comme tels et admis en conséquence devant les tribunaux des deux pays, à exercer des poursuites contre les contrefaçons, il suffira que leur nom soit indiqué sur le titre de l'ouvrage, au bas de la dédicace ou de la préface, ou à la fin de l'ouvrage. — Pour les œuvres anonymes ou pseudonymes, l'éditeur dont le nom est indiqué sur l'ouvrage est fondé à sauvegarder les droits appartenant à l'auteur. Il est, sans autre preuve, réputé ayant droit de l'auteur anonyme ou pseudonyme. » Cette mesure ne saurait être trop approuvée, elle l'emporte sur les conventions les plus libérales, comme la convention franco-espagnole, qui imposent aux auteurs l'obligation de justifier de l'existence de leurs droits dans le pays d'origine.

L'article 10 est consacré au droit de traduction qui appartient à l'auteur sur son ouvrage sous certaines conditions et pendant un certain temps qu'il détermine. Relativement à ce droit les négociations ont été laborieuses : la France voulait faire triompher le principe admis par sa jurisprudence, d'après lequel l'auteur ou ses ayants droit peuvent empêcher la traduction comme la reproduction de son œuvre dans les mêmes conditions et pendant le même temps. Mais la législation allemande s'opposait à la reconnaissance d'un principe aussi absolu. Voici quel est le résultat des concessions réciproques auxquelles les parties consentirent : Le droit de l'auteur sur sa traduction dure dix ans du jour où la traduction a été publiée. Mais cette traduction doit être publiée dans l'un des deux pays, en totalité, dans un délai de

trois années à compter de la publication de l'ouvrage
original. Pour les ouvrages paraissant par livraison,
les trois ans courent de la publication de la dernière
livraison de l'ouvrage original, et les dix ans de jouissance commencent dans ce cas le jour où est publiée la
traduction de la dernière livraison. Les auteurs d'œuvres
dramatiques et dramatico-musicales, pendant la durée
du droit de traduction qui leur appartient exclusivement,
sont réciproquement protégés contre la représentation
publique non autorisée de la traduction de leurs ouvrages.

La clause de la nation la plus favorisée est inscrite
dans l'article 16 de la convention franco-allemande, mais
les termes dans lesquels elle est conçue atténuent plusieurs
des dangers qu'elle présente. En effet les avantages qui
seraient ultérieurement accordés par l'une des deux
hautes parties contractantes à une puissance étrangère,
en ce qui concerne les dispositions de la convention seront acquis de plein droit aux auteurs de l'autre pays,
mais sous condition de réciprocité. Reste la difficulté de
connaître les conventions conclues.

Un protocole assez long, annoncé par l'article 15, s'occupe de régler la situation faite par la nouvelle convention aux ouvrages antérieurs à sa mise en vigueur.

Le protocole commence par déclarer que la convention
s'applique aux œuvres littéraires, scientifiques et artistiques antérieures à la mise en vigueur de la convention, qui ne jouiraient pas de la protection légale contre
la réimpression, la reproduction, l'exécution ou la représentation publique non autorisée, ou la traduction
illicite, ou qui auraient perdu cette protection par suite

de non-accomplissement des formalités exigées. Il prend
ensuite des mesures pour respecter les droits acquis
relativement à ces ouvrages.

Un timbre spécial doit être apposé dans un delai de
trois mois sur les exemplaires licitement imprimés ou en
cours de fabrication licite au moment de la mise en vigueur de la convention. A ces conditions ces exemplaires peuvent être mis en circulation et en vente.

Les clichés, bois, planches gravées, etc., peuvent être
également utilisés pendant quatre ans à dater toujours
de la mise en vigueur de la présente convention s'ils ont
été revêtus d'un timbre spécial.

Le 3° du protocole ajoute : « Le bénéfice des dispositions
de la présente convention est également acquis aux ouvrages qui, publiés depuis plus de trois mois au moment
de sa mise en vigueur, seraient encore dans le délai légal pour l'enregistrement prescrit par quelques-unes des
conventions précédemment conclues entre la France et
les divers États allemands; et ce, sans que les auteurs
soient astreints à l'accomplissement de cette formalité. »

Quant aux œuvres dramatiques ou dramatico-musicales publiées par l'un des deux pays et représentées
publiquement en original ou en traduction dans l'autre
pays, antérieurement à la mise en vigueur de la présente
convention, elles ne sont protégées par cette nouvel'e
convention qu'autant qu'elles l'étaient par les conventions
précédemment conclues par la France avec les divers
États allemands. La convention de 1883 ne s'applique
donc qu'aux œuvres qui ont paru postérieurement à la
mise en vigueur de chacune des conventions qu'elle rem-

place. Nous lisons en effet dans ces diverses conventions un article à peu près ainsi conçu : « Les stipulations de l'article 1er s'appliqueront également à la représentation ou exécution des œuvres dramatiques ou musicales publiées, exécutées ou représentées pour la première fois dans l'un des deux pays, après la mise en vigueur de la présente convention. »

Le 4° porte à dix ans le droit de traduction des œuvres littéraires et dramatiques qui jusque-là n'était que de cinq ans, lorsque la traduction est encore protégée par les conventions antérieures, ou, si le délai de cinq ans est expiré, lorsqu'aucune traduction n'a paru depuis lors, ou aucune représentation n'a eu lieu. Sous ces réserves, les nouveaux délais pour traduire, introduits par la convention, s'appliquent aux ouvrages qui ont paru antérieurement à sa mise en vigueur. Ces dispositions rappellent celles que nous avons étudiées dans le protocole de clôture de la convention franco-espagnole du 16 juin 1880.

CONCLUSION

Voilà ce que la reconnaissance des peuples a fait jusqu'à ce jour pour la protection de la propriété intellectuelle. Elle a divisé, morcelé des droits qui méritaient les mêmes égards au point qu'il ne nous est pas possible de résumer d'un mot les dispositions que nous venons de parcourir. Sans doute des progrès importants ont été accomplis. Mais il nous semble qu'une œuvre devrait être également protégée dans toute ses manifestations, publications ou représentations, en traduction et en langue originale, et que, dans une pareille matière, pour sauvegarder la propriété littéraire et artistique, toutes les nations devraient s'entendre et être unanimes afin d'adopter une formule unique, une convention type qui faciliterait grandement les relations. Malheureusement ce progrès ne pourra être accompli que le jour encore bien éloigné où toutes les législations seront devenues uniformes en matière de propriété intellectuelle et auront admis les mêmes principes sur sa nature, sans distinction entre les nationaux et les étrangers; alors, il est vrai, la nécessité de conventions particulières ne se fera plus sentir.

Les conventions sont en effet, la plupart du temps, des compromis entre deux législations différentes qui ne peuvent se résoudre à assimiler les étrangers aux nationaux.

Ceci nous amène à exprimer un regret en même temps qu'un vœu qui pourrait se réaliser dès la première con-

vention que la France signera. Nous regrettons de voir
que nos diplomates, par un scrupule né de l'idée de réciprocité, aient toujours négligé de faire dans les conventions l'application du décret de 1852 que le législateur
devrait toutefois étendre formellement au droit de représentation. On aurait pourtant évité ainsi de singulières
anomalies. Nous voudrions donc que l'on revînt sur une
pratique déjà trop longue. Qu'importe que dans les conventions nous ne recevions pas autant que nous donnons,
puisque nous n'avions pas attendu que l'on voulût bien
traiter avec nous, pour accorder aux étrangers autant
qu'aux nationaux. Nous sommes engagés d'honneur à
respecter un principe que nous avons été les premiers
à proclamer et nous ne pouvons revenir en arrière pour
annuler un progrès accompli.

Ce faisant, nous donnerons encore une fois un utile
exemple aux nations étrangères. Elles se hâteront,
croyons-nous, de nous imiter, en nous voyant protéger
également toutes les manifestations de la pensée, sans
imposer d'autre condition que la nécessité d'un dépôt.

On arrivera ainsi à cette unité que nous souhaitons
de voir s'établir et qui amènera forcément à reconnaître
aux auteurs et aux artistes un droit de propriété sur leurs
œuvres. Alors tous les hommes pouvant prétendre à
la reconaissance des mêmes droits et à l'application de
la même justice, il n'y aura plus aucune raison de traiter différemment les auteurs et les artistes et de tenir
compte de cette circonstance qu'ils sont nationaux ou
étrangers.

TABLE DES MATIÈRES

6677. — Tours, Imp. ROUILLÉ-LADEVÈZE, rue Chaude, 6.

www.ingramcontent.com/pod-product-compliance
Ingram Content Group UK Ltd.
Pitfield, Milton Keynes, MK11 3LW, UK
UKHW020155130726
13696UKWH00002B/514